Über die Autorin:
Ursula Richard ist seit mehr als zwanzig Jahren auf dem spirituellen Weg, übt Zen und ist vertraut mit buddhistischer Psychologie und Philosophie. Sie war langjährige Programmleiterin eines spirituellen Verlags, ist Herausgeberin spiritueller Bücher und Übersetzerin u. a. von Thich Nhat Hanh. Heute leitet sie die von ihr gegründete Literaturmanufaktur, eine Autoren- und Verlagsagentur für Spiritualität und Lebenskunst, und ist Verlegerin der edition steinrich.

Ursula Richard

Die drei Pfeiler des Glücks

Achtsamkeit, Freude, Dankbarkeit

Besuchen Sie uns im Internet: www.droemer-knaur.de
Alle Titel aus dem Bereich MensSana finden Sie im Internet unter
www.mens-sana.de

Originalausgabe April 2010
Knaur Taschenbuch. Ein Unternehmen der Droemerschen Verlagsanstalt
Th. Knaur Nachf. GmbH & Co. KG, München
Alle Rechte vorbehalten. Das Werk darf – auch teilweise –
nur mit Genehmigung des Verlags wiedergegeben werden.
Redaktion: Heike Neumann
Umschlaggestaltung: ZERO Werbeagentur, München
Umschlagillustration: Jana Bischoff, FinePic®, München
Satz: Adobe InDesign im Verlag
Druck und Bindung: GGP Media GmbH, Pößneck
Printed in Germany
ISBN 978-3-426-87454-7

2 4 5 3 1

Inhalt

Vorwort 7

Die Freude der Gegenwärtigkeit 11

Achtsamkeit – der erste Pfeiler
eines glücklichen Lebens 16
   Stützen der Achtsamkeit – vom Atem bis zum Ampelrot ... 24
      Wegbereiter: Thich Nhat Hanh 31
   Achtsame Entdeckungsreisen durch die Welt der Sinne ... 37
   Sehen 39 • *Hören* 46 • *Riechen* 51
   Schmecken 56 • *Berühren* 62
   Orientierungen in der bunt chaotischen Welt
   unserer Gedanken und Gefühle 69
      Wegbereiterin: Toni Packer 88

Alles ist mit allem verbunden 97

Freude – der zweite Pfeiler des Glücks 117
   Freude schöner Götterfunken 119
   Sich für die eigene Freude verantwortlich fühlen 124
   Habe ich mich heute schon gefreut? 124
   Freudvolle Momente 127 • *Die Freudenbiografie* 129
   Geteilte Freude ist doppelte Freude – Mitfreude 134
   Die Freude – der Weg des Herzens 139

Dankbarkeit – der dritte Pfeiler des Glücks 145
  Hindernisse der Dankbarkeit 147
  Die Geburtsstunde der Dankbarkeit –
  sich von Selbstverständlichem überraschen lassen 153
    Wegbereiter: Bruder David Steindl-Rast 160
  Alles sind Geschenke an uns 165
  Unseren Dank in die Welt bringen 175

Jeder Tag ein guter Tag 181

Anhang
  Anmerkungen 183
  Literaturempfehlungen 186
  Adressen 189

Vorwort

Es heißt, die Inuit hätten rund vierzig Begriffe für das, was im Deutschen »Schnee« heißt, und ebenso viele Wörter für die Farbschattierungen des Schnees. Dies ist inzwischen zwar längst als romantischer Mythos entzaubert, doch liegt ihm die Vorstellung zugrunde, eine solche sprachliche Vielfalt sei Ausdruck der Bedeutung des Schnees für die Lebenswirklichkeit der Inuit. Dieser Logik folgend müssten wir bei uns mittlerweile weit mehr als nur vierzig Begriffe für »Glück« haben, denn kaum etwas scheint im Laufe der letzten Jahre für unser Leben so wichtig geworden zu sein wie das Glück, wie Glücksmomente, wie ein glückliches Leben. Unzählige psychologische, esoterische, spirituelle Ratgeber, Studien und philosophische Betrachtungen künden von dieser Bedeutung und nähren sie weiter.

In diesen Chor mischen sich inzwischen auch vielerorts kritische Stimmen. Sie erinnern daran, dass es auch Wichtigeres als das Glück gibt – dies war vor noch nicht allzu langer Zeit ein sehr diskursprägender Gedanke – und dass die Suche nach dem Glück, wenn sie zur Jagd ausartet und sich damit den Gesetzen der Gier unterwirft, mit Sicherheit zu einem führt – zum Unglück.

In diesem Buch möchte ich drei Wege vorstellen, die sich dieser Jagd verweigern, weil sie auch deren Voraussetzung – die Gier – mit bedenken und Alternativen bereithalten. Es sind die Wege der *Achtsamkeit*, der *Freude* und der *Dankbarkeit*. Sie sind keine neuzeitlichen Erfindungen oder modischen Trends, sondern haben sich, vielfach erprobt und weiterentwickelt, längst darin bewährt, Menschen in ihrem ganz alltäglichen Leben zu unterstützen. Als Übungswege sind sie zu verstehen, da sie nur konkret, also im Handeln, im wiederholten Tun wirksam werden. Dann können sie zu tragfähigen Pfeilern eines Glücks werden, das der Philosoph Wilhelm Schmid in seinem Buch *Glück* so beschreibt: »Dieses Glück ist umfassender und dauerhafter als alles Zufallsglück und Wohlfühlglück; es ist das eigentliche philosophische Glück, nicht abhängig von günstigen und ungünstigen Zufällen, von den momentanen Schwankungen zwischen Wohlgefühl und Unwohlsein, vielmehr die immer wieder aufs Neue zu findende Balance in aller Polarität des Lebens, nicht unbedingt im jeweiligen Augenblick, sondern durch das gesamte Leben hindurch.«[1]

Tragfähig sind diese Wege, da sie erfahrbar machen, dass die Ursachen des Glücks nicht so sehr im Außen liegen, sondern in uns selbst und wir sie dort aktiv stärken und nähren können. Die *Achtsamkeit* unterstützt uns, mehr und mehr in der Gegenwart anzukommen und darin mit allen Sinnen zu leben. Sie hebt eine Spaltung auf, an die wir uns meist schon sehr gut gewöhnt haben: mit dem Körper in der Gegenwart zu leben, ohne uns dessen bewusst zu sein, und mit unseren Gedanken, Gefühlen und Fantasien in virtuellen Welten zu weilen. Sie erweckt uns zur Wirklichkeit in uns und außerhalb von uns und zu der uns damit gegebenen Fülle, dem Reichtum unseres Lebens. Die *Freude* stärkt uns darin, dieser Fülle gewahr, nach den nährenden Quellen in unserem Leben Ausschau zu halten, sie unter dem Gestrüpp unserer Verpflichtungen, Getriebenheiten und festen Ansichten darüber, wie unser Leben beschaffen sein sollte, freizulegen und als Orientierung zu sehen und zu nutzen. Die Ausrichtung auf die Freude fördert unsere Vertrautheit, unsere Verbundenheit mit uns selbst. Die *Dankbarkeit* ist die angemessene Antwort auf diese Fülle, diesen Reichtum, und sie stärkt unsere Vertrautheit und Verbundenheit mit dem sogenannten Außen, mit anderen Menschen, mit der Welt.

Die Wege der Achtsamkeit, Freude und Dankbarkeit sind sehr lebenspraktische, kraftvolle Wege, und so enthält dieses Buch auch eine Fülle von Anregungen und Übungen, die als Marschgepäck dienen können. Im konkreten Alltag verortet, haben diese Wege auch spirituelle Dimensionen, aber sie setzen, um sie für sich nutzbar machen zu können, keine bestimmte (oder überhaupt nur eine) spirituelle Orientierung voraus.
Wenn wir mehr und mehr erkennen, dass Glück und Zufriedenheit letztlich nicht von äußeren Bedingungen abhängen, sondern von uns selbst, kann das die Gefahr in sich bergen, sich immer weniger für die äußeren Bedingungen zu interessieren und für deren Veränderung zu engagieren. Dass dies nicht so sein muss, belegen die in diesem Buch als Wegbereiter Porträtierten, der vietnamesische Zen-Meister Thich Nhat Hanh und der österreichisch-amerikanische Benediktinermönch Bruder David Steindl-Rast. Sie verbinden in ihrem eigenen Leben auf höchst beeindruckende Weise spirituelles und soziales Engagement. Ebenso wie die deutsch-amerikanische Meditationslehrerin Toni Packer, die ich ebenfalls in diesem Buch näher vorstelle, haben sie nicht zuletzt durch ihr persönliches Verhalten mein Verständnis dieser Wege sehr geprägt, und dafür bin ich ihnen zutiefst dankbar. Dankbar bin ich auch den anderen spirituellen Lehrerinnen und Lehrern und den vielen ganz »normalen« Menschen, denen ich in meinem bisherigen Leben begegnet bin, von denen ich lernen durfte

und die mich auf meinem Weg inspiriert haben. Geschrieben ist dieses Buch aus der Perspektive einer Lernenden. Aus der Gewissheit heraus, dass wir alle miteinander verbunden sind und dass es gilt, diese Verbundenheit in unserem Denken und Tun alltäglich neu zum Ausdruck zu bringen.

Die Freude der Gegenwärtigkeit

Über viele Jahre
unter großen Kosten
reiste ich durch viele Länder,
sah die hohen Berge,
die Ozeane.
Nur was ich nicht sah
war der glitzernde Tautropfen
im Gras gleich vor meiner Tür.
RABINDRANATH TAGORE

Bei meinem letzten Urlaub beobachtete ich am Strand zwei kleine Jungen im Alter von vielleicht drei, vier Jahren. Sie standen im Wasser, jeder hatte einen Schwimmflügel am Arm und einen kleinen Plastikeimer in der Hand. Den tauchten sie immer wieder ins Wasser, füllten ihn und schütteten dann das Wasser aus, um den Eimer erneut zu füllen. Fasziniert beobachtete ich, wie diese Kinder in meinen Augen immer das Gleiche taten und dabei vor Freude jedes Mal jauchzten und auf und ab sprangen, wenn sie den Eimer wieder leerten. Sie taten das ohne Pause und größere Unterbrechung ungefähr zwanzig Minuten lang, bis ihre Eltern kamen und dann mit ihnen im Wasser herumplanschten. Ein anderes Kind tauchte auf und warf laut vor Freude schreiend und in die Luft springend eine Handvoll kleiner Steine ins Wasser, wobei die meisten auf dem Sand unmittelbar vor dem Kind landeten, da es mehr die Hand öffnete und die Steine herausfallen ließ, als dass es sie wirklich warf. Dann lief es wieder zurück zu einem Steinhaufen in der Nähe, kehrte mit einer Handvoll Steine zurück und ließ sie wieder in freudigem Entzücken fallen.

Solche Szenen können wir oft in Gegenwart kleiner Kinder erleben. Das, was uns Erwachsene als das immer Gleiche erscheint, erleben sie ganz anders, nämlich im beschriebenen Fall als immer neues Eintauchen des Eimers ins Wasser, ihn dann füllen und wieder ausleeren. Oder als Fallenlassen oder Werfen von Steinen. Das, was uns schon nach kurzer Zeit als sehr eintönig erscheint und vielen von uns, wenn wir es einige Zeit beobachten, schon bald auf die Nerven geht, ist für sie eine fast unerschöpfliche Quelle der Freude, bis sich ihnen etwas Neues eröffnet, auf das sie sich dann stürzen.

Auch wenn wir es uns wohl nicht ernstlich wünschen, »so zu werden wie die Kinder« und immer und immer wieder die in unseren Augen gleichen, letztlich sinnlosen Dinge mit der gleichen unvermittelten Freude zu tun, ertappen wir uns vielleicht doch manchmal bei ihrem Anblick dabei, ein wenig neidisch oder auch traurig zu sein. Wir merken in solchen Situationen, dass das Erwachsenenleben uns doch einiges kostet, unter anderem eine noch nahezu ungebrochene Gegenwärtigkeit und Freude.

Kleine Kinder leben noch in diesem »Raum der Gegenwärtigkeit«, zu dem wir den Zugang weitgehend verloren haben. Vermutlich würden wir das gar nicht so arg beklagen, hätten wir nicht das Gefühl, uns damit nicht auch von einer Quelle unmittelbarer Freude abgeschnitten zu haben, die damit ganz natürlich verbunden zu sein scheint.

Denn faszinierend ist es schon, diese Lust und Freude zu sehen, mit der das immer gleiche Tun begleitet wird, oder die freudige Spannung, die sich beim Kind einstellt, wenn wir beim hundertsten Vorlesen des gleichen Märchens wieder an die Stelle kommen, wo Rotkäppchen bei der Großmutter ankommt und an ihr Bett tritt.

Bei näherer Betrachtung unserer Lebensumstände können wir erkennen, aus wie vielen Wiederholungen unser eigenes Leben besteht, wie viele Dinge wir tagtäglich tun, die wir gestern und letzte Woche schon taten und voraussichtlich die nächsten Jahre auch noch (zur Arbeit fahren, abwaschen, kochen, mit Kollegen zusammensitzen, putzen, den Urlaub planen, telefonieren und so weiter), wie oft wir tagein, tagaus dieselben Dinge wieder hören oder sagen. Da wäre es ja keine schlechte Sache, sie auch in freudiger Gestimmtheit zu tun statt mit Gefühlen des Überdrusses und der Langeweile.
Viele von uns erleben bestimmte Seiten ihres Lebens als sehr, sehr eintönig und wollen sie dann immer nur schnell hinter sich bringen. Manche Menschen empfinden ihre Arbeit als enorm langweilig und tagträumen sich regelmäßig durch die Woche, um endlich das Wochenende zu erreichen, das aber auch schnell wieder vorüber ist, und dann fängt die Woche wieder an ... und bis zum nächsten Urlaub dauert es auch noch vier Monate ... und bis zur Rente noch zwanzig Jahre ...
Auch so kann man sein Leben »hinter sich bringen«, »die Zeit totschlagen«, aber eigentlich ist es sehr schade, so zu leben, immer auf eine Zukunft hin, die, sobald sie Gegenwart geworden ist, gar nicht richtig erlebt wird, da wir in unseren Tagträumen schon wieder woanders sind.

> *Wer nie jetzt lebt, lebt nie. Und was machen Sie?*
> PIET HEIN

Egal, was wir auch tun, um dieses routinemäßige Leben dadurch zu verändern, dass wir nach immer neuen Highlights oder Kicks Ausschau halten, wenn wir es versäumen, mehr Gegenwärtigkeit in unser Leben zu bringen, wird das Neue bald auch schon wieder eintönig und langweilig und muss durch wieder Neues ersetzt werden, damit Gefühle der Ödnis, Langeweile und Getriebenheit nicht zu unseren treuesten Begleitern werden. Mehr Gegenwärtigkeit bedeutet auch mehr Freude.

Da wir uns durch unsere Lebensweise von dieser Gegenwärtigkeit zumeist sehr abgetrennt haben, brauchen wir ein Instrument, das uns den Zugang zur Gegenwart eröffnet und uns hilft, darin mehr zu verweilen. Dieses Instrument ist die *Achtsamkeit als bewusste Gegenwärtigkeit*. Achtsamkeit als bewusste Wahrnehmung dessen, was im Augenblick, was jetzt ist.

»Wir verpassen so viele wichtige Zeiten in unserem Leben – wir versäumen, mit unseren Kindern zu spielen, sie aufwachsen zu sehen, wir versäumen wichtige Momente mit den Menschen, die wir lieben. Das ist die Ursache für so viel Leid in unserem Leben. Wenn wir bereit sind, dies zu erkennen, werden wir nach Möglichkeiten suchen, den Augenblick bewusster zu erleben, denn niemand von uns kann sagen, wie viele dieser kostbaren Augenblicke uns noch bleiben«, sagt Jon Kabat-Zinn, der Begründer des MBSR, der achtsamkeitsbasierten Stressreduktion, in einem Gespräch mit der Journalistin Christa Spannbauer.[2]

Lernen wir, mit dem Instrument der Achtsamkeit immer besser umzugehen, es feiner und feiner einzusetzen und Achtsamkeit zu einer Lebenshaltung zu machen, können wir zunehmend mehr in einer bewussten Gegenwärtigkeit leben, in einem »Raum«, in dem wir im Grunde immer leben: in der Gegenwart, denn unser Körper, unsere Sinne leben nie woanders. Es sind nur unsere Gedanken, die uns ständig in anderen Zeiten und an anderen Orten leben lassen.

Ein Mann wurde einmal gefragt, warum er trotz seiner vielen Beschäftigungen immer so glücklich sei.
Er sagte:
»Wenn ich stehe, dann stehe ich,
wenn ich gehe, dann gehe ich,
wenn ich sitze, dann sitze ich,
wenn ich esse, dann esse ich,
wenn ich liebe, dann liebe ich ...«
Da fielen ihm die anderen ins Wort und sagten:
»Das tun wir auch, aber was machst du darüber hinaus?«
Er antwortete ihnen:
»Wenn ich stehe, dann stehe ich,
wenn ich gehe, dann gehe ich,
wenn ich ...«
Und wieder entgegneten die anderen:
»Aber das tun wir doch auch!«
Er aber sagte zu ihnen:
»Nein –
wenn ihr sitzt, dann steht ihr schon,
wenn ihr steht, dann lauft ihr schon,
wenn ihr lauft, dann seid ihr schon am Ziel.«

Achtsamkeit – der erste Pfeiler eines glücklichen Lebens

Meister Ikkyû wurde einmal von einem Staatsbeamten gefragt, was denn die Essenz des Zen sei. Er nahm seinen Pinsel und malte die Schriftzeichen für das Wort Achtsamkeit in den Sand. Der Beamte war damit überhaupt nicht zufrieden und wollte wissen, was denn nun Achtsamkeit bedeute, und Ikkyû schrieb erneut die Zeichen für Achtsamkeit. Langsam ungehalten fragte der Beamte ein drittes Mal, was das denn nun bedeute, und Meister Ikkyû malte erneut die Zeichen in den Sand, doch der Beamte verstand ihn noch immer nicht.

Achtsamkeit ist ein zentrales Konzept der buddhistischen Lehren, das »Herz buddhistischer Meditation«, wie der deutschstämmige Mönch und Meditationslehrer Nyanaponika Thera sagt. Über die Fähigkeit, achtsam zu sein, verfügen wir aber alle, sie ist universell und nicht an irgendwelche kulturellen oder spirituellen Vorstellungen gebunden. Denn Achtsamkeit bezeichnet etwas ganz Grundlegendes: die Fähigkeit unseres Geistes wahrzunehmen, was gerade geschieht, und uns dessen in dem Augenblick auch bewusst zu sein. Jeder ist dazu in der Lage, eine Tasse an den Mund zu führen, und zu wissen, dass er eine Tasse an den Mund führt; die Wohnungstür zu öffnen, und zu wissen, dass er die Tür öffnet. Dennoch erleben wir solche Aktivitäten nur äußerst selten bewusst.

Ohne die Fähigkeit zum bewussten Wahrnehmen dessen, was geschieht, was wir wahrnehmen, denken, fühlen, könnten wir nicht überleben. Diese Fähigkeit, evolutionsgeschichtlich von ganz entscheidender Bedeutung, ermöglicht uns zum Beispiel, Emotionen nicht nur zu sein, sondern sie als Gefühle bewusst wahrzunehmen, Impulsen nicht nur blind zu folgen, sondern sie zu merken und ihr Ausagieren unter Umständen auch zu unterlassen, uns bewusst an etwas zu erinnern, das wir uns dann vergegenwärtigen und für unser Handeln berücksichtigen können.

Doch obwohl wir alle über diese Fähigkeit verfügen und sie auch fortwährend im Einsatz ist, ist uns vieles von dem, was wir tun, fühlen, denken, nicht sehr bewusst. Wir wissen nicht, wo wir vor fünf Minuten den Schlüssel hingelegt haben, ob wir uns beim Duschen nun die Haare tatsächlich gewaschen oder nur nass gemacht haben, ob die Blumen heute Morgen auch schon so verwelkt und ohne Wasser in der Vase gestanden haben.

Vor kurzem ging ich durch eine belebte Einkaufsstraße, durch die ich bereits Hunderte Male zuvor gegangen war – meist in Gedanken schon im Büro und bei dem, was ich gleich zu erledigen oder worüber ich mich gestern oder vorgestern dort so aufgeregt hatte. An jenem Morgen aber stolperte ich über irgendetwas, und als ich wieder hochsah, registrierte ich, dass eine Frau mit einer großen Aufstelltafel aus der Tür einer Boutique trat und sie am Rand des Bürgersteigs aufstellte. Mit Kreide schrieb sie etwas auf die Tafel. Ich ging näher heran und las: »Es ist viel schöner, in den Himmel hinaufzuschauen, als dort zu sein.« Ich schaute hoch in den Himmel, sah das Grün der Bäume gegen das Blau des Himmels, hörte Vogelgezwitscher, Hupen, Motorengeräusche, menschliche Stimmen, sah das Gewusel der Menschen, die an mir vorbeiströmten, und fand den Spruch vollkommen stimmig. Seither schaue ich regelmäßig, wenn ich an diesem Laden vorbeikomme, ob diese Tafel wieder draußen auf dem Gehsteig steht, und freue mich, wieder einen neuen Ausspruch lesen zu können, denn – so habe ich inzwischen gemerkt – sie wechseln fast täglich.

Im Zeitalter des Multitasking, der permanenten Ablenkungen und Zerstreuungen werden unsere Aufmerksamkeitsspannen immer kürzer, und wir selbst tun meist einiges dafür, sie noch weiter zu verkürzen. Wir essen, haben gleichzeitig eine Zeitschrift neben uns liegen, in die wir immer mal wieder einen Blick werfen, gucken fern und erledigen vielleicht noch unsere E-Mails.
Und in unserem Geist tobt sich der im Buddhismus als sechster Sinn bezeichnete Sinn des Denkens gewöhnlich ungehindert aus. Er versetzt uns in virtuelle Welten, die oft kaum noch in einer Verbindung zu der Situation stehen, in der unser Körper und die anderen fünf Sinne sich gegenwärtig befinden. Wenn wir auf einer Sommerwiese liegen und gedanklich mit der letzten Auseinandersetzung, die wir mit unserem Partner, unserer Partnerin hatten, beschäftigt sind, dann liegen wir dort zwar mit unserem Körper, was uns ab und zu durchaus bewusst werden mag, wenn sich uns eine Fliege auf die Nase setzt, wir sind aber nicht wirklich dort, sondern gedanklich/emotional möglicherweise eher in der Wohnung, in der wir den Streit hatten. Doch hat das lediglich Vorgestellte durchaus eine Wirkung auf unseren Körper: Wir können nur durch die Erinnerung an den Streit erneut Wut, Trauer, Scham, Hass erleben, unser Blut kann wieder in Wallung geraten, Tränen können in unsere Augen treten, oder wir verziehen vor Schadenfreude über ein mögliches Unglück des anderen das Gesicht. Dabei liegen wir in der Sonne auf einer Wiese, der Wind streicht sanft durch die Grashalme und über

unsere Haut, der Boden ist weich, Vögel zwitschern, einige weiße Wölkchen ziehen am blauen Himmel entlang. In einem Park, umgeben von vielen anderen, liegen da zwar viele Körper unter Umständen nah beieinander, doch sind alle in ihren eigenen virtuellen Welten, Träumen und Dramen und nehmen kaum Notiz von den »realen« Menschen nebenan auf der Wiese.

Oft sind wir aber noch nicht einmal mit ausgefeilten Geschichten oder Szenarien befasst, sondern sinnlose Gedankenfetzen gehen uns durch den Kopf, die sich im besten Fall assoziativ aneinanderreihen, ständig wiederkehrende Gedankenmuster bis hin zu Zwangsgedanken, die uns in den virtuellen Welten gefangen halten. Wir bleiben wieder und wieder gedanklich und emotional bei den gleichen Situationen hängen, planen zum zigsten Mal unseren »Auftritt« bei einer wichtigen Sitzung oder gehen immer wieder unseren Kleiderschrank durch, um zu überlegen, was wir bei diesem oder jenem Ereignis anziehen könnten. Unser Kopf ist meist mit viel »Müll« angefüllt, und gemeinhin haben wir das Gefühl, nicht viel dagegen tun zu können.

Wir leben also oftmals in einer sehr gespaltenen Welt, in der virtuellen unserer Gedanken, und in der, in der wir uns *de facto* befinden. Diese uns sicher allen vertraute Spaltung wird uns durch die Achtsamkeit bewusst, die Aufmerksamkeit dafür, was in uns und um uns herum geschieht. Sie holt uns in die Gegenwart, in den Reichtum des gegenwärtigen Momentes zurück, in den einzigen Moment, in dem wir tatsächlich lebendig sind.

Achtsamkeit ist also die Voraussetzung dafür, überhaupt mitzubekommen, was geschieht. Sie ist nach buddhistischer Vorstellung aber auch die Grundlage für Erkenntnisse, die sich aus der genauen Wahrnehmung dessen, was wir mit unserer Achtsamkeit beleuchten, ergeben. Erkenntnisse über unsere

Gefühle, Wahrnehmungen, Gedanken, über unser Handeln, unsere Beziehungen zu uns und anderen, über die Gesellschaft, in der wir leben, über die Wirklichkeit des Lebens selbst. Es gibt nichts, das wir nicht achtsam betrachten und untersuchen könnten, keinen Bereich, der ausgespart bleiben müsste und über den wir dadurch kein sich durch Erfahrung gespeistes Wissen erlangen könnten. Achtsamkeit hat eine sehr, sehr weite Dimension. Sie ist auch eine Voraussetzung für individuelle und gesellschaftliche Transformations- und Heilungsprozesse. So nimmt es nicht wunder, dass sie, vor allem durch die bahnbrechenden Arbeiten von Jon Kabat-Zinn, gegenwärtig für immer mehr gesellschaftliche Bereiche (Medizin, Psychologie, Therapie, Wirtschaft, Politik) entdeckt wird. Dass damit auch die Gefahr einer bloß instrumentellen Sicht von Achtsamkeit einhergehen kann, bei der es darum geht, Menschen einfach nur fitter, belastbarer, flexibler zu machen, wird im Kapitel »Alles ist mit allem verbunden« näher beleuchtet.

In seiner berühmten Lehrrede über die Vier Verankerungen oder Grundlagen der Achtsamkeit pries der Buddha die Achtsamkeit als einen »wunderbaren Weg«, der den Lebewesen hilft, »Läuterung zu verwirklichen, Kummer und Trauer direkt zu überwinden, Schmerz und Angst ein Ende zu setzen, den rechten Pfad einzuschlagen und Nirwana zu verwirklichen.«

Welche Qualitäten sind es nun, die Achtsamkeit zu einem so wertvollen Instrument machen?

- Achtsamkeit ist wie ein Licht, mit dem wir etwas beleuchten und damit in den Fokus unserer Aufmerksamkeit holen. Dadurch wird etwas sichtbar, das da ist, aber bis dahin im Dunkel unserer Nicht-Bewusstheit lag. Jetzt wird es uns zugänglich.
- Achtsamkeit verändert das, was sichtbar geworden ist, nicht. Sie ist wie ein Spiegel, der jeweils das widerspiegelt, was

vor ihm erscheint: ein blauer Ball erscheint als blauer Ball, nicht als rote Kiste, ein Gefühl der Freude als Freude und nicht als Wut, ein leidender Mensch als Leidender und nicht als Glücklicher.

- Achtsamkeit ist wie die Linse eines Mikroskops, welche die Beschaffenheit des jeweils Betrachteten in einer größeren Auflösung zeigt, so dass sich das Betrachtete in einem ungeahnten Detailreichtum zeigen kann, der bei einem kurzen Blick nicht sichtbar geworden wäre. Vor allem dadurch werden tiefgreifende Erkenntnisse über das jeweilige Objekt möglich.
- Das Licht, der Spiegel, die Linse des Mikroskops, sie denken nicht, sie verzerren nicht, sondern beleuchten, spiegeln oder zeigen das uneingeschränkt deutlicher, was vor ihnen ist. Achtsamkeit ist nicht konzeptuell oder gedanklich. Sie ist eine zunächst nichtbegriffliche Wahrnehmung dessen, was ist. Gedanken wie »jetzt bin ich achtsam« oder »ich schau mir das jetzt achtsam an« sind nicht Achtsamkeit, wiewohl man einen solchen Gedanken achtsam wahrnehmen kann. Auch die Benennung eines Objekts ist kein der Achtsamkeit selbst innewohnendes Element. Ein Objekt sofort zu benennen oder zu etikettieren ist ein geistiger Vorgang, der zwar nahezu automatisch abläuft, wenn wir etwas wahrnehmen, den wir aber auch als Prozess mit Achtsamkeit begleiten können.
- Achtsamkeit vergleicht nicht das gerade Wahrgenommene mit etwas anderem, die momentane Erfahrung mit der gestrigen, das heutige Wetter mit dem von letzter Woche, unser Aussehen mit dem von anderen, unsere gegenwärtige Stimmung mit der von vorhin, unser Glück mit dem von anderen. Vergleichen ist kein Element der Achtsamkeit, kann aber ihr Objekt sein.
- Achtsamkeit ist wertfrei, sie bevorzugt nicht, sie verurteilt nicht. Wertungen wie positiv oder negativ, schön, hässlich,

gut, böse und so weiter sind kein inhärenter Teil achtsamer Wahrnehmung, sondern eine meist automatisch ablaufende Antwort unserer Konditionierungen auf Wahrnehmungen. Dieser Ablauf konditionierter Muster kann aber ein Objekt achtsamer Betrachtungen sein – und zwar ein sehr lohnendes.

- Achtsamkeit als nichtwertende, nichturteilende, sich nicht einmischende Aufmerksamkeit ermöglicht einen klaren, unverstellten, unverzerrten Blick auf das, was ist. Sie zeigt, dass Werten, Vergleichen, Urteilen uns vielleicht schon so zur zweiten Natur geworden sind und nahezu automatisch alle unsere Wahrnehmungen begleiten, sie aber etwas sind, was wir den Objekten hinzufügen. Es sind Gedanken und Kommentare über die Objekte, keine Eigenschaften der Objekte selbst, es sind Zuschreibungen. Dies erkennen und unterscheiden zu können ist ganz entscheidend und kann höchst befreiend wirken.

Viele von uns kennen die Neigung bei sich oder bei anderen, alles, was sie sehen oder hören, sofort mit Werturteilen und Kommentaren zu belegen. Da sehen wir nicht einfach nur den blauen Pullover der Freundin, sondern denken fast gleichzeitig, dass er ihr nicht steht. Wir sind in der neuen Wohnung des Kollegen, schauen uns um und fragen uns sofort, warum wir es nicht auch so schön haben. Wir hören ein neues Musikstück und vergleichen es nach ein paar Takten schon mit unserer Lieblingsmusik und finden das neue Stück langweilig. Wir erleben uns in einer Gesprächsrunde als unsicher und verurteilen uns gnadenlos dafür. Und so weiter.

Wie schnell oder fast schon automatisch das aber auch immer sein mag, es ist nicht ein Prozess, sondern es sind mindestens zwei. Wir nehmen die Dinge wahr und knüpfen daran wertende Gedanken, die nicht zur Wahrnehmung selbst gehören, sondern von uns hinzugefügt werden und die oft mehr über uns selbst als über die wahrgenommenen Objekte sagen. Bei ausreichender Achtsamkeit für diesen Prozess können wir sie einfach nur als solche – als wertende Gedanken – wahrnehmen und damit erkennen, dass sie nicht Teil der Objekte, etwa deren Natur, sind.

Unser permanentes Werten, Vergleichen und Be- und Verurteilen ist aber nicht nur geistiges Geschwätz, das unseren an sich schon so vollen Kopf noch mehr anfüllt, sondern bringt auch viel Unzufriedenheit und Leid mit sich. So ist es eine gute Nachricht der Achtsamkeit, dass wir diese Gedanken, sofern wir sie merken, ihrer gewahr werden, auch aufgeben oder loslassen können, ohne dass damit die Objekte selbst, das heißt unsere ganze Welt, verschwinden würden. Wir müssen wertende, vergleichende, urteilende Gedanken nicht denken oder zwanghaft wiederholen, wir können immer wieder zur reinen Wahrnehmung dessen, was ist, zurückkehren. Die schlechte Nachricht ist, dass das meist nicht von selbst geschieht. Wir müssen uns im Allgemeinen in Achtsamkeit, auch wenn sie eine natürliche Eigenschaft und Fähigkeit des Geistes ist, üben, um sie zu entwickeln und zu vertiefen und auf die obengenannte Weise für uns fruchtbar zu machen.

Stützen der Achtsamkeit – vom Atem bis zum Ampelrot

Gefühle und Gedanken kommen und gehen
wie Wolken am Himmel,
die der Wind vor sich hertreibt.
Das achtsame Atmen
ist mein Anker im Hier und Jetzt.
Thich Nhat Hanh

Um der Achtsamkeit mehr Raum in unserem Leben zu geben, ist es zunächst wichtig, die Spanne der Aufmerksamkeit, mit der wir in der Lage sind, aufmerksam bei einem Objekt zu bleiben, allmählich zu verlängern und sie auch zu vertiefen. Um der Neigung unseres Geistes, ständig von einem zum anderen zu springen, entgegenzuwirken, hat es sich als sinnvoll erwiesen, einen Fokus zu wählen, auf den sich die Aufmerksamkeit eine Zeitlang richten kann. Ein Übungsobjekt. Seit den Zeiten des Buddha gilt der Atem als ein solches, gut geeignetes Objekt.[3] Der Atem steht uns immer zur Verfügung, er ist körperlich meist recht gut spürbar, und er ist ein sehr neutrales Objekt, mit dem die meisten von uns keine positiven oder negativen Assoziationen verbinden, wie dies bei anderen, spirituell eher »aufgeladenen« Objekten wie Kerze, Buddhastatue, Mantra, Kreuz oder Ähnlichem der Fall sein könnte. Prinzipiell ist aber so gut wie jeder Fokus für die Achtsamkeit denkbar. Menschen, die vielleicht mit Atemproblemen zu tun haben, sollten sich nicht damit überfordern, die auf den Atem gerichtete Achtsamkeit zu üben, sondern sie zunächst auf Objekte (Sinneswahrnehmungen wie Hören, den Kontakt zum Boden, Empfindungen des Sitzens spüren oder Ähnliches) richten, die für sie unproblematisch sind. Wichtig ist nur, unserem streunenden Geist einen Bezugspunkt zu geben, auf den er sich sammeln, zu dem er immer wieder zurückkehren kann.

Es gibt inzwischen zahlreiche Bücher, in denen es detaillierte Anleitungen zum Erlernen der Achtsamkeitsmeditation gibt. Eine Auswahl finden Sie im Anhang bei den Literaturangaben. Am besten ist es, sie unter Anleitung eines qualifizierten Lehrers, einer kompetenten Lehrerin in einer Gruppe einzuüben, da so mögliche Fehler sofort korrigiert und individuelle Hilfestellungen gegeben werden können.

Ich selbst habe diese Meditation erstmals Mitte der 80er Jahre in einem kleinen Meditationszentrum in Sri Lanka kennengelernt. Wir saßen dort sieben Tage lang von morgens bis abends, abgewechselt von Perioden der Gehmeditation, und sollten nur unseren Atem achtsam wahrnehmen, ohne ihn dabei zu beeinflussen. Sonst nichts. Ich wollte jeden Tag aufgeben und wäre am liebsten geflüchtet, da ich das Gefühl hatte, nichts weniger als das zu können, nur den Atem zu beobachten und ihn dabei nicht zu beeinflussen. Ich war voller Ideen über Erleuchtung und Nirwana hergekommen und scheiterte in meinen Augen schon an der so simpel scheinenden Aufgabe der Atembetrachtung. Ständig war ich in Gedanken und vor allem heftige Gefühle verstrickt und kaum je für längere Zeit bei meinem Atem. Ich war entsetzt über die Zerstreutheit und den Unfrieden meines Geistes, die es kaum zuließen, dass ich einmal mehrere Atemzüge hintereinander meinen Atem wahrnahm. Mit meiner Freundin, mit der ich die Hütte teilte, war ich oft zerstritten, da ich mich nicht an das Schweigegebot hielt und sie um Tipps bat, dann aber ihre Ratschläge als Besserwisserei nicht ertragen konnte. Die Gespräche mit dem australischen Mönch, der den Kurs leitete, halfen mir dann durchzuhalten. Als meine Freundin und ich nach Beendigung des Kurses durch die Teeberge zurück zur Hauptstraße liefen, fing es bald heftig an zu regnen, und wir stritten schon wieder. Eine westliche Nonne kam uns entgegen, sie lächelte freundlich, streckte ihre Hand aus und sagte, da sie wohl dachte, wir würden wegen des Regens streiten: »Es ist nur Wasser, es ist nur Wasser« – und sie wirkte zutiefst im Reinen mit sich. Diese Begegnung hat mich tief berührt und mir eine Ahnung vom Glück reiner, nichtwertender Wahrnehmung vermittelt. Sicherlich hat diese Begegnung dazu beigetragen, dass mein Interesse an Meditation und Buddhismus unwiderruflich geweckt war, obwohl der Kurs für mich in vielem desaströs verlief, vor allem, was die eigenen Ansprüche und Erwartungen betraf.

Es ist also am besten, gar nichts zu erwarten, wenn man sich einmal hinsetzt und die Aufmerksamkeit auf den Atem ausrichtet, zumindest sollte man nicht erwarten, dass das sofort wunderbar klappt. Die buddhistische Nonne Jetsunma Tenzin Palmo sprach in einem Vortrag in Berlin davon, welch große Aufmerksamkeit wir im Allgemeinen unserem Körper schenken, wir ihn vielfach trainieren, die Ausdauer, die Muskeln, um fit und beweglich zu bleiben, wir uns um Ernährung und Pflege sorgen, aber viel seltener daran denken, die »Muskeln« unseres Geistes zu trainieren, uns um seine »Pflege« zu kümmern, wir dessen aber mindestens ebenso bedürfen.
Sollten Sie mit konzentrativen, das heißt auf einen Fokus ausgerichteten Meditationstechniken nicht bereits vertraut sein, finden Sie im Folgenden eine Anleitung für eine einfache Atemmeditation.

Übung: Setzen Sie sich an einen Ort, an dem Sie für eine Weile ungestört sein können; setzen Sie sich bequem, aber mit einem möglichst aufgerichteten Rücken hin, auf einen Stuhl, ein Meditationskissen, ein Bänkchen. Schließen Sie die Augen oder halten Sie sie leicht geöffnet etwa im 45-Grad-Winkel vor sich auf den Boden gerichtet. Wenden Sie dann Ihre Aufmerksamkeit dem ein- und ausströmenden Atem zu. Spüren Sie, wie er durch die Nasenlöcher in Ihren Körper eintritt, verfolgen Sie die Atembewegung bis in den Unterbauch, wie sich meist dabei die Bauchdecke hebt, wie dann nach einer kurzen Pause das Ausatmen beginnt, die Bauchdecke sich senkt und der Atem schließlich wieder durch die Nase ausströmt. Verfolgen Sie mit Ihrer Aufmerksamkeit einfach diesen Vorgang. Atmen Sie ein und aus, beziehungsweise lassen Sie das Atmen einfach geschehen, ohne es zu beeinflussen. Sie sollten weder Ihren natürlichen Atem verlängern oder vertiefen noch umgekehrt ihn verkürzen, Sie sollten ihn einfach lassen, wie er ist. Ihre Aufgabe ist nur, ihn einfach wahrzunehmen.

Sie können auch bemerken, wo Sie den Atem am ehesten spüren. Beim Ein- und Ausströmen in den Nasenlöchern etwa oder beim Heben und Senken der Bauchdecke. Wenn Sie eine Stelle für sich gefunden haben, wo Sie den Atem deutlich spüren, dann können Sie auch dabei bleiben und ihn nur an dieser Stelle wahrnehmen.

Kommen Ihnen Gedanken in den Sinn (und sie werden kommen!), dann kehren Sie, sobald Sie ihrer gewahr werden, mit der Aufmerksamkeit wieder zum Atem zurück. Immer wieder. Versuchen Sie, sich nicht in die Gedanken zu verwickeln, tagträumen Sie sich nicht weg, sondern nehmen Sie kurz wahr, dass Gedanken, Fantasien, Gefühle da sind, und kehren Sie einfach immer wieder zum Atmen zurück. Man muss diesen Muskel, wie Tenzin Palmo sagt, einfach trainieren, geduldig, immer und immer wieder. Im Fitnessstudio gehen wir ja auch davon aus, dass wir uns allmählich steigern, und beginnen nicht mit dem Limit. Diese Geduld sollten wir auch unserem Geist gegenüber aufbringen.

Bleiben Sie so lange dabei, wie Sie mögen oder im Vorfeld als zeitlichen Rahmen für sich festgelegt haben. Bei regelmäßiger Praxis ist Letzeres sehr zu empfehlen, nicht zuletzt, um sich der Tyrannei der eigenen Sprunghaftigkeit und Stimmungen zu entziehen.

Die Atemmeditation ist eine wunderbare Methode, um etwas Ruhe in den eigenen Geist einkehren zu lassen, auch wenn man zunächst meinen mag, von Gedanken und Gefühlen fast überschwemmt zu werden, sobald man sich hinsetzt und versucht, die Aufmerksamkeit einfach nur dem Atem zuzuwenden. Diese Gedanken, Gefühle und Fantasien tauchen auch nicht plötzlich auf, weil wir den Atem beobachten wollen, sondern wir werden auf einmal gewahr, wie es in unserem Kopf zugeht – meistens chaotisch. Aber mit der Zeit erleben die meisten von uns auch Phasen, in denen sich das Gedankenkarussell nicht mehr so heftig dreht oder in den Vordergrund schiebt, in denen der Geist zur Ruhe kommt und sich Gefühle der Entspannung und des Wohlgefühls einstellen.

> *Einatmend beruhige ich meinen Körper.*
> *Ausatmend lächle ich.*
> *Im gegenwärtigen Augenblick verweilend,*
> *weiß ich, es ist ein wunderbarer Augenblick.*
> THICH NHAT HANH

Im Alltag ist es sehr hilfreich, die Aufmerksamkeit immer wieder einmal für ein paar Augenblicke auf den Atem zu richten und für einige Atemzüge dabei zu verweilen. Immer mal wieder innezuhalten. Durch diese Stopps unterbrechen wir unsere Neigung, uns vor allem in unseren Gedankenwelten zu bewegen, und verankern uns wieder in der Gegenwart.

Der Atem ist das, was uns in der Wirklichkeit, in der gegenwärtigen Realität verankert, auch und gerade in stürmischen Situationen, in denen wir uns hin- und hergeworfen fühlen. In Auseinandersetzungen, in krisenhaften, emotional aufgewühlten Situationen empfinde ich es als sehr rettend, Zuflucht beim Atem zu nehmen und sich mit der Aufmerksamkeit daran »festzuhalten«, bis ruhigere Gewässer erreicht sind. Der Atem ist immer da, solange wir leben, auch wenn alles um uns oder in uns zusammenzubrechen droht, er steht uns immer zur Verfügung, er hält uns, zuverlässig und treu.

Haben wir uns durch Übungen dieser Art mit der Achtsamkeit etwas vertrauter gemacht, merken wir auch im Alltag immer öfter, dass wir uns wieder einmal in »Gedanken verloren« haben, und in diesem Merken sind wir schon aus unserer Tagträumerei erwacht. Sobald wir merken, uns erinnern und innehalten, sind wir wieder in der Gegenwart angekommen und können uns dem zuwenden, was ist. Um uns nach kurzer Zeit wieder in unseren Gedanken zu verlieren, bis wir es merken, innehalten und wieder präsent sind und so weiter. Es ist ein fortwährender Prozess.

Es gibt für mich nur einen einzigen Moment des Lebens, und das ist der gegenwärtige Moment. Deshalb besteht der erste Schritt für mich immer darin, zum gegenwärtigen Moment zurückzukehren. Dadurch berühre ich das Leben sehr intensiv.
THICH NHAT HANH

Die Fähigkeit, innezuhalten, aus dem Gedankenkarussell auszusteigen und damit zur Wirklichkeit zu erwachen, ist für uns unabdingbar, um all die Dinge zu tun, die nicht halbautomatisch erledigt werden können, sondern unserer ganzen Aufmerksamkeit bedürfen. Sie ist auch unabdingbar, wenn wir mehr mit Körper und Geist im Hier und Jetzt leben wollen, wenn wir achtsamer durch unseren Tag gehen wollen.

Wir können unserer Fähigkeit, zu merken und innezuhalten, Unterstützung geben, und dazu hält unsere Umgebung unendlich viel bereit. Das Klingeln eines Mobiltelefons, der Klang einer Kirchturmuhr, eine rote Ampel, ein Bild an der Wand, die Türklinke, die Werbepause im Fernsehen, all dies kann uns daran erinnern, innezuhalten und mit dem Gewahrsein wieder in die Gegenwart zurückzukehren. Ihr Mobiltelefon klingelt, und dieser Klang erinnert Sie, lässt Sie innehalten und bringt Sie so in die Wirklichkeit dessen, was ist, zurück. Thich Nhat Hanh bezeichnet diese Hilfsmittel als »Glocken der Achtsamkeit«. Wenn in seinen Zentren und Klöstern eine Glocke der Achtsamkeit (in dem Fall sind es tatsächlich Glocken) ertönt, halten alle inne, egal womit sie gerade beschäftigt sind, und atmen dreimal bewusst ein und aus. Erst dann fährt jeder mit dem fort, womit er momentan beschäftigt ist. Dies ist ein wunderbarer Weg, mehr Ruhe in das oft hektische Leben hineinzubringen. Sehr interessant ist es, im eigenen Alltag nach diesen »Glocken der Achtsamkeit« Ausschau zu halten, damit zu experimentieren, zu schauen, was für einen selbst gut funktioniert – so kann man zum Beispiel den PC so einrichten, dass regelmäßig ein Klang ertönt und einen erinnert, man kann einen entsprechenden Spruch am Bildschirm, am Spiegel im Bad oder an einem anderen Ort, an dem man regelmäßig vorbeikommt, befestigen – und dies für sich im Alltag nutzbar machen. Die »Glocken der Achtsamkeit« helfen uns also innezuhalten, wieder in der Gegenwart anzukommen und achtsam für das zu sein, was wir tun, denken, fühlen.

Wegbereiter: Thich Nhat Hanh

*Wir sollten einfach wir selbst sein, wir sollten unser
Leben so achtsam und aus der Tiefe heraus leben, wie
wir es irgend können.*
THICH NHAT HANH

Auf dem Bebelplatz in Berlin strömen aus allen Richtungen Menschen zusammen – Frauen, Männer, Kinder, Alte und Junge. Viele stehen in kleineren Grüppchen beisammen. Nach einer Weile setzen sich alle in Bewegung und gehen auf dem breiten Bürgersteig in Richtung Brandenburger Tor. Manche Hand in Hand, die meisten allein. Sie tragen keine Transparente und Plakate, skandieren keine Forderungen, sondern sie gehen einfach nur – schweigend und sehr, sehr langsam. Auf die neugierige Frage eines Touristen, was das denn wäre, antwortet ein junger Mann: »Gehmeditation. Das ist eine Meditation im Gehen.« Hier, an dieser Straße Unter den Linden, wo noch vor einigen Tagen eine Gruppe von Neonazis entlanggezogen war und durch das Brandenburger Tor marschieren wollte, ein sehr symbolträchtiger Versuch, der dann durch Polizeikräfte verhindert wurde, ziehen jetzt Hunderte von Menschen langsam auf dem Bürgersteig gehend auf das Brandenburger Tor zu. Polizeiwagen fahren vor. Wird die Polizei einschreiten? Ist es eine angemeldete Demonstration? Kann man es überhaupt als eine Demonstration ansehen, wenn Menschen sich zusammenfinden und in sehr langsamem Tempo gehen? Wofür demonstrieren sie? Was demonstrieren sie? Vielleicht die Möglichkeit, dass langsames Gehen auch in einer schnelllebigen Zeit noch denkbar ist, in der alle, auch die vielen Touristen hier, nur noch von einem Ort zum anderen hetzen. Behindern sie etwas, das der Polizei Anlass geben könnte, die Menge zu zerstreuen? Auf jeden Fall behindern sie das schnelle, hastige Vorwärtseilen, das gedankenlose Rennen derer, die auf demselben Bürgersteig gehen, manche passen sich dem Tempo an, andere scheren aus, um ihren Weg fortzusetzen; den Verkehr behindern sie nicht. An roten Ampeln bleiben sie stehen und warten, bis es grün wird. Die angerückten Polizeikräfte greifen nicht ein, sondern eskortieren die Menge dann tatsächlich durch das Brandenburger Tor, die dann im Tiergarten die gemeinsame Gehmeditation beendet. An ihrer Spitze geht ein Mann, schmal, kleingewachsen, von zeitlosem Alter in einem braunen Mantel, darunter eine braune Robe, auf seinem Kopf eine braune Mütze, an seiner rechten und linken Hand je ein Kind. Sie bilden die erste Reihe. Dieser Mann ist Thich Nhat Hanh – jener weltberühmte vietnamesische buddhistische Lehrer, der seit Jahrzehnten im Westen vor allem eines lehrt: die Kunst des achtsamen Lebens.

1926 in Vietnam geboren, trat er bereits mit 16 Jahren in ein buddhistisches Kloster ein. Es war ein äußerst einfaches, in gewisser Weise auch sehr entbehrungsreiches Leben, das er dort führte, doch er lernte damals eine Praxis kennen, die auch heute noch die wichtigste Grundlage seiner Lehre bildet: die Achtsamkeit im alltäglichen Tun. Viele der ganz alltäglichen Handlungen, vom Waschen, Sich-Ankleiden, auf die Toilette gehen, Holzhacken bis hin zum Kochen, Essen und Abwaschen, musste der Novize mit dem Memorieren kleiner Verse (Gathas) verbinden, die sich auf gerade jene Tätigkeiten bezogen. Das schulte seine Gegenwärtigkeit bei allen alltäglichen Verrichtungen. Diese Praxis lehrt er auch heute noch.

Beim Händewaschen:
Wasser fließt über die Hände.
Möge ich sie auf geschickte Weise nutzen,
um unseren wertvollen Planeten zu erhalten.

Der Buddhismus, den Thich Nhat Hanh auf diese Weise kennenlernte, war kein weltabgewandter, das alltägliche Leben geringschätzender und vor allem auf Erleuchtung und das eigene Erlöschen im Nirwana ausgerichteter. Und dieser Aspekt wurde zunehmend wichtig für den jungen Mönch. Doch das buddhistische Establishment Vietnams jener Zeit vertrat einen Buddhismus, erstarrt in Ritualen und hierarchischen Strukturen, der die gesellschaftlichen Verhältnisse weitgehend ausblendete beziehungsweise sich mit ihnen gut arrangiert hatte. Thich Nhat Hanh aber verstand die Achtsamkeit schon in jungen Jahren als eine ungeteilte, als ein umfassendes Wahrnehmen, dessen, was ist. Und er bezog in diese Wahrnehmung nicht nur sich selbst, seine Gedanken, Gefühle, Handlungen mit ein, sondern auch seine Mitmenschen, sein Umfeld, die Gesellschaft. Und was er sah, waren tiefe Armut, großes Elend, eklatante Missstände, Korruption, immenses Leiden. Gegen den zum Teil heftigen Widerstand des etablierten vietnamesischen Buddhismus jener Zeit entwickelte Thich Nhat Hanh in der Folge einen sozial engagierten Buddhismus, der sich den Nöten und Leiden der Menschen aktiv zuwandte und auch ihre Lebensbedingungen zu verbessern suchte. Er gründete eine *Schule der Jugend für Soziale Dienste (SYSS)*, in der diese Verbindung von Buddhismus und gesellschaftlichem Engagement Sozialarbeiterinnen und Sozialarbeitern vermittelt wurde, und er gründete den Orden *Intersein,* einen Orden von Mönchen, Nonnen und Laien, als Manifestation dieser neuen buddhistischen Ausrichtung. Seine bis heute engste Mitarbeiterin und Weggefährtin Schwester Chan Khong beschreibt in ihrer sehr lesenswerten Autobiografie *Aus Liebe zu allen Wesen* eindrücklich, wie diese Bewegung auch in den schrecklichen Zeiten des Krieges ihre gewaltfreie, sozial engagierte Haltung bewahrte und ihre Arbeit unermüdlich fortsetzte, was viele Nonnen, Mönche und Laien mit dem Leben bezahlen mussten. Thich Nhat Hanh vertrat stets eine Haltung der Nicht-Parteilichkeit, was die prokapitalistische Seite nicht davon abhielt, ihn als einen Kommunisten zu verteufeln, und umgekehrt sahen die Kommunisten in ihm einen Parteigänger des Kapitalismus. Thich Nhat Hanh reiste im Frühjahr 1966 in die USA, ohne zu ahnen, dass er sein Heimatland danach fast vierzig Jahre nicht mehr würde betreten können. Er wollte der amerikanischen Bevölkerung die furchtbare Situation der Menschen in Vietnam vor Augen führen, wollte ihnen vermitteln, dass die Menschen sich weder Kapitalismus noch Kommunismus ersehnten, sondern nur eines: Frieden, das Aufhören der Bombardierungen. In Washington legte er einen Fünf-Punkte-Entwurf für ein Friedensabkommen vor, was ihm von südvietnamesischer Regierungsseite her den Ruf eines Verräters einbrachte. Unermüdlich reiste er durch die Welt, um zum Frieden aufzurufen. Später leitete er die Buddhistische Friedensdelegation, die in Paris an den Friedensverhandlungen der Kriegsparteien teilnahm und besonders die Interessen der armen Landbevölkerung vertrat. Für sein Friedensengagement wurde er von Martin Luther King für den Friedensnobelpreis vorgeschlagen.

Inzwischen lebt Thich Nhat Hanh seit vielen Jahren im Exil in Frankreich in der Nähe von Bordeaux gemeinsam mit Schwester Chan Khong und mittlerweile Hunderten von Mönchen, Nonnen und Laien in der aus mehreren kleinen Weilern bestehenden Gemeinschaft »Plum Village«. Er hat Klöster in den USA gegründet sowie vor kurzem ein *Europäisches Institut für angewandten Buddhismus (EIAB)* in Waldbröl in der Nähe von Köln. Der Orden *Intersein* ist inzwischen in vielen Ländern beheimatet, und die Ordensregeln sind als »Achtsamkeitsübungen« zu einer Orientierungshilfe für viele Menschen ganz unterschiedlicher spiritueller Ausrichtung geworden. Nach dem Dalai Lama ist Thich Nhat Hanh die bekannteste und einflussreichste buddhistische Persönlichkeit. Beide im Exil lebend, haben sie uns im Westen die kostbaren geistigen Quellen ihrer Herkunftsländer zugänglich gemacht: die Lehren des Buddhismus, und sie verkörpern beide auf ihre je eigene Art, dass diese spirituelle Tradition nicht im Elfenbeinturm angesiedelt ist, sondern sich mitten im Leben zu bewähren hat. Bei Thich Nhat Hanh steht dabei die Achtsamkeit uneingeschränkt im Mittelpunkt, Achtsamkeit als Voraussetzung und zugleich Weg, um Glück und Freude zu erfahren sowie Qualitäten wie Mitgefühl, Weisheit und Liebe zu entwickeln und auf diesem Hintergrund in der Welt aktiv zu handeln. Thich Nhat Hanh hat diesen Weg in seinen zahlreichen Büchern und Vorträgen immer wieder beschrieben und eine Vielzahl von Übungen entwickelt, um ihn praktisch erfahrbar und begehbar zu machen.

Flughafen Berlin-Tegel. Thich Nhat Hanh fliegt nach einer Veranstaltung mit der Theologin Dorothee Sölle, wie immer begleitet von einer Gruppe von Mönchen und Nonnen, für einen Vortrag und einen Tag der Achtsamkeit nach München. Es herrscht ein ziemliches Gewusel und arger Lärm. Menschenschlangen an den Schaltern, Leute warten auf Ankommende, andere eilen mit ihren Koffern durch die Halle. Viele sind auch gekommen, um Thich Nhat Hanh, Schwester Chan Khong und die anderen zu verabschieden. Ein großer Kreis hat sich um die Mönche und Nonnen gebildet. Thich Nhat Hanh ist nicht darunter. Schließlich entdecke ich eine kleine braune Gestalt, die, unberührt von allem Lärm und Gedränge, langsam ihre Schritte setzt, einige Meter in die eine Richtung, dann wieder zurück, vollkommen gegenwärtig.

So wie wir fast alles zu einer Glocke der Achtsamkeit machen können, so können wir auch alles als Objekte der Achtsamkeit ansehen. All das, was uns in unserem Alltagsleben begegnet, all das, was wir tun, denken, fühlen, können wir achtsam wahrnehmen. Grundlage all dessen sind unsere Sinne beziehungsweise die Kontakte zwischen Sinnesorgan und Sinnesobjekt und deren neuronale Verarbeitung.
Im Folgenden geht es darum, sich die Achtsamkeit bei den sinnlichen Erfahrungen, die wir machen, näher anzuschauen. Die Sinne verbinden uns mit der Welt beziehungsweise machen uns die Welt zugänglich. Die bewusste Hinwendung zu den Sinneserfahrungen kann uns mit dem ganzen Reichtum unserer menschlichen Existenz vertrauter machen, ihn uns eindrücklich vor Augen führen. Dieser große Reichtum, der uns immer zur Verfügung steht, entgeht uns meist, da wir von den Sinneswahrnehmungen oft nur das bewusst wahrnehmen, was gerade für unser »Überleben« notwendig ist. Damit entgeht uns aber auch die Erfahrung, dass wir keine abgetrennten Wesen sind, die mehr oder weniger autistisch verkapselt einen recht reduzierten Austausch mit der Welt pflegen, sondern dass wir im Gegenteil ein unabgetrennter Teil dieser Wirklichkeit sind.

Achtsame Entdeckungsreisen
durch die Welt der Sinne

Gott spricht zu jedem nur, eh er ihn macht,
dann geht er schweigend mit ihm aus der Nacht.
Aber die Worte, eh jeder beginnt,
diese wolkigen Worte, sind:
Von deinen Sinnen hinausgesandt,
geh bis an deiner Sehnsucht Rand;
gieb mir Gewand.
Hinter den Dingen wachse als Brand,
daß ihre Schatten, ausgespannt,
immer mich ganz bedecken.
Laß dir Alles geschehn: Schönheit und Schrecken.
Man muß nur gehn: Kein Gefühl ist das fernste.
Laß dich von mir nicht trennen.
Nah ist das Land,
das sie das Leben nennen.
Du wirst es erkennen
an seinem Ernste.
Gieb mir die Hand.
RAINER MARIA RILKE

Mit unserem Körper und damit auch unseren Sinnen leben wir immer in der Gegenwart, wir können nicht den Sonnenuntergang von gestern sehen, den Kuchen von morgen schmecken, die Freundin, die wir nächste Woche treffen werden, heute umarmen, am Montag die Sonntagsglocken hören, den Kaffee, den wir am Morgen tranken, abends riechen. Sinneswahrnehmungen, die wir jetzt machen, können aber natürlich längst Vergangenes und damit Erinnerungen wachrufen.

So roch ich kürzlich etwas und wusste sofort, diesen Geruch kenne ich aus meiner Kindergartenzeit, und sofort trat mir das Bild eines größeren Raumes mit mehreren Tischen und roten Stühlchen und buntem Spielzeug in den Ecken vor Augen und rief weitere Erinnerungen wach.

Unsere Sinne vermitteln uns pure Gegenwart, ja sie konstruieren vermittels der Verarbeitung der Sinnesdaten im Gehirn die Wirklichkeit, die wir wahrnehmen und in der wir leben. Wir nehmen nie eine reine Wirklichkeit, »so wie sie ist«, wahr, sondern nur eine uns durch die Sinne und neuronale Verarbeitungsprozesse im Gehirn erfahrbare oder »gegebene«. Die Wirklichkeiten anderer Gattungen unterscheiden sich zum Teil vollkommen von der menschlichen, entsprechend den jeweiligen Lebensbedingungen und Erfordernissen. Wir sind, wie bereits erwähnt, mit unserer Aufmerksamkeit aber nur selten bei (den) Sinnen, sondern bewegen uns meist mehr in den virtuellen Welten unserer Gedanken. Wir kommen ja auch dank unserer Überlebensreflexe in den meisten Fällen ganz gut durchs Leben, ohne dass uns unsere Sinneserfahrungen unbedingt bewusst werden müssten. Den Menschen, der plötzlich die Fahrbahn überquert, sehen wir meist noch in letzter Sekunde, auch wenn wir gerade die vergangene Auseinandersetzung mit den Kollegen gedanklich noch einmal durchspielen – und wir treten auf die Bremse. Wenn es in unserer nächsten Umgebung brennt, überschreitet der Geruch schnell unsere Wahrnehmungsschwelle, auch wenn wir gerade von einer neuen Beziehung träumen – und wir bringen uns in Sicherheit.
Sich weitgehend im Autopilot-Modus durchs Leben bewegen, Körper und Sinne das ihre tun lassen, um unser Überleben zu sichern, und nur ab und zu – bei besonderen Gelegenheiten – zur Welt der Sinne erwachen bedeutet letztlich aber eine

enorme Verarmung unseres menschlichen Potenzials, die uns meist dann schmerzlich bewusst wird, wenn wir wieder einmal einen bewussten Ausflug in die Welt der Sinne unternommen und gemerkt haben, wie bunt, lebendig und vielgestaltig sie doch ist.

Sich den Sinneserfahrungen zuwenden ist der direkte und unmittelbare Weg in die Gegenwart, den man überall und in nahezu jeder Situation einschlagen kann. Es ist sehr lohnend, sich bewusst immer mal wieder auf die Welt der Sinne oder auf einzelne Sinne auszurichten, um ein Gefühl für ihre besonderen Qualitäten zu bekommen und um gleichzeitig ein Gefühl für die äußere Welt in ihrer ganzen Fülle zu erhalten, die uns durch unsere Sinne gegeben wurde. Wenn unser Leben auch sehr von Effizienz und Nützlichkeitsdenken geprägt sein mag, wir einen hektischen Alltag zu bewältigen haben und oft von Ängsten und Sorgen heimgesucht werden, so ist die Hinwendung zu den Sinnen ein wunderbarer Luxus, den wir uns fast immer leisten können und öfter gönnen sollten.

Im Folgenden finden Sie einige Anregungen dazu:

Sehen

> *Die wahre Entdeckungsreise besteht nicht darin, dass man neue Landschaften aufsucht, sondern darin, mit frischen Augen zu sehen.*
> MARCEL PROUST

Der Sehsinn hat sich im Laufe der menschlichen Entwicklung zum wichtigsten und dominierendsten unserer Sinne entwickelt. So nimmt es nicht wunder, dass das Auge als das entsprechende Sinnesorgan als Sinnbild des Lichtes und des Geistes und als Spiegel der Seele auch in vielen religiösen Traditionen eine große Rolle spielt. Der allwissende Gott des

Christentums ist auch ein alles sehender Gott, von dem sich nicht nur Kinder des christlichen Kulturkreises beschützt oder verfolgt und kontrolliert fühlen, sondern auch noch viele Erwachsene.

Rund achtzig Prozent der Sinneseindrücke nehmen wir mit den Augen wahr, wir orientieren uns also im Wesentlichen mit unseren Augen. Für Neugeborene ist der taktile Sinn noch viel entscheidender, sie sehen in den ersten Lebenswochen ganz unscharf, und die Bilder stehen auf dem Kopf. Erst mit der Zeit ist das Gehirn in der Lage, die Bilder zu drehen und scharf zu stellen.

Beim Sehen gelangt Licht auf lichtempfindliche Zellen, die Photorezeptoren, in der Netzhaut, wo dann die Informationen in elektrischen Signalen codiert über den Sehnerv, das Zwischenhirn schließlich ins Großhirn gelangen, dort interpretiert und zu visuellen Wahrnehmungen verarbeitet werden. Die Welt, die wir kennen, entsteht also im Gehirn, die Augen könnte man als die Außenposten des Gehirns bezeichnen. Ohne die interpretatorische Leistung des Gehirns würde die Welt ein abstraktes Gemälde aus verwaschenen, unscharfen Eindrücken für uns sein. Aus diesen Eindrücken »errechnet« das Gehirn ein klares Bild, aus den Formen, Farben und Flächen konstruiert es die räumliche Vorstellung.

Dank unseres Sehsinns laufen wir nicht gegen Hauswände, fallen keine Treppen hinunter und laufen weg, wenn wir vor uns etwas Bedrohliches »wittern«. Alle zusätzlichen Sinneseindrücke werden dabei vom Gehirn so bearbeitet, dass sie zu den optischen Eindrücken passen, auch wenn dabei dann manchmal etwas nachgeholfen wird, um sie passend zu machen. So glauben wir im Kino, die Stimmen kämen von den Schauspielern vorn auf der Leinwand, dabei kommen sie aus den Lautsprechern hinter oder neben uns. Erscheinen die Informationen des Auges dem Gehirn aber nicht zuverlässig genug, übernimmt der Hörsinn die dominierende Rolle, und die visuellen Eindrücke werden den akustischen angepasst.

Auch für unser soziales Überleben sind die Augen sehr wichtig. In Bruchteilen von Sekunden »lesen« wir in den Gesichtern anderer Menschen deren Stimmungen und Absichten, interpretieren sie und stellen uns darauf ein. Vor Jahren verlor ich während eines Urlaubs meine Brille, und da ich keine Ersatzbrille dabeihatte, sah ich von diesem Zeitpunkt an alles nur noch sehr verschwommen, sobald es mehr als einem Meter von mir entfernt war. Das Schlimmste für mich war nicht, die Berge und das Meer nur noch recht schemenhaft sehen zu können, sondern die Gesichtsmimik anderer, mit denen ich sprach, nicht mehr erkennen und damit interpretieren zu können. Ich war nicht in der Lage, aus den Stimmen anderer ihre Stimmungen zu »lesen«, ob sie mir nun freundlich, gleichgültig oder ablehnend gegenüberstanden, und das empfand ich als sehr verunsichernd.

Nicht nur die oft eklatanten Unterschiede in Zeugenaussagen belegen, dass das, was wir sehen, sehr voneinander abweichen kann, wenn wir scheinbar das Gleiche sehen. Auch die vielen bekannten optischen Täuschungen zeigen, wie leicht das Auge oder eher das Gehirn sich in die Irre führen lässt und beispielsweise Farben und Punkte sieht, die gar nicht da sind, gebogene Linien als gerade sieht und umgekehrt, und Rotationen in zwei Richtungen sieht, wo sie nur in eine gehen.[4]

Wie eingeschränkt wir in unserer visuellen Wahrnehmung sein können, hat auch Jon Kabat-Zinn eindrücklich gezeigt. Einer Gruppe von Leuten wird ein Video vorgeführt, das eine Gruppe beim Ballspiel zeigt. Die Leute sollen darauf achten, wie oft der Ball während der Dauer des Films von Spieler zu Spieler wechselt. Dies erfordert große Konzentration, denn die Spieler bewegen sich sehr schnell! Am Ende werden die Zuschauenden aber nicht danach gefragt, wie oft denn nun die Ballwechsel stattgefunden haben, sondern ob sie den Gorilla, der durch das Bild gegangen war, gesehen haben. Das Video wird nochmals gezeigt, eine Spur langsamer. Und deutlich sieht man nun mitten im Spiel einen Gorilla durchs Bild gehen!

Diese Beispiele mögen genügen, um eine Ahnung davon zu vermitteln, welch interessanter Sinn und welches Wunder der Sehsinn ist und dass es sehr lohnend sein kann, ihn näher zu erforschen. Dem dient auch die folgende Übung.

Übung: Setzen Sie sich an einen Ort, der Ihnen gefällt, an dem Sie sich wohl fühlen, auf eine Bank in einem Park, einem Garten. Vielleicht schauen Sie auch nur aus dem Fenster. Richten Sie Ihre Aufmerksamkeit zunächst einmal auf die Augen. Können Sie sie wahrnehmen? Wo? Spüren Sie die Augäpfel? Entspannen Sie Ihre Augen. Wenden Sie sich jetzt bewusst Ihrem Sehen zu. Nehmen Sie wahr, was Sie sehen, und lassen Sie Ihren Blick in oder auf dem ruhen, was Sie sehen. Entspannen Sie Ihren Blick, schauen Sie mit einem eher sanften, weichen Blick. Sie werden vielleicht bemerken, dass Sie das, was Sie sehen, fast automatisch benennen: rote Blume, blaues Auto, Baum, Mensch und dass dies oftmals Ausgangspunkt für weitere Gedanken ist, zumeist für Wertungen und damit verbundene Impulse: schöne Blume, will ich haben; protziges Auto, wie angeberisch; langweiliges Bild, wie überflüssig; unsympathischer Mensch, will ich nichts mit zu tun haben. Lassen Sie diese Gedanken beiseite, sobald Sie sie bemerken, und kehren Sie immer wieder zum

reinen Sehvorgang zurück. Versuchen Sie einmal das, was Sie sehen, nicht sofort zu benennen. Was Sie wirklich sehen, sind, wenn Sie ganz genau schauen, Farben und Formen; Sie sehen kein blaues Auto, kein buntes Bild oder einen grünen Baum; sie sehen einfach unterschiedliche Farben und Formen (letztlich sehen Sie natürlich auch das nicht, sondern Lichtschwingungen in bestimmten Frequenzbereichen). Wenn Sie merken, dass Sie gedanklich abschweifen, kehren Sie immer wieder zum reinen Sehen zurück.
Sie können auch einen Ihnen vertrauten (oder auch nicht vertrauten) Gegenstand nehmen und betrachten. Variieren Sie den Abstand, aus dem heraus Sie ihn anschauen. Sehen Sie dessen Farbe und Form. Was ist der Gegenstand, wenn Sie ihn nicht benennen. Was ist er ohne seinen Namen?

Wenn Sie ganz aufmerksam bei diesen Vorgängen bleiben, können Sie entdecken, dass das Benennen und Etikettieren des Gesehenen kein inhärenter Teil der Wahrnehmung ist, sondern etwas, das dazukommt, zwar meist ganz schnell und unmittelbar, aber dennoch gibt es diese winzige Lücke. Man kann diese Lücke sehr gut wahrnehmen, wenn man Farben und Formen sieht und das Gehirn nicht sofort in der Lage ist, das Gesehene einzuordnen und zu benennen. Zum Beispiel wenn man etwas Entferntes bei Zwielicht sieht, das sich nicht sehr gut vom Hintergrund abhebt, wenn man spätabends im Nieselregen an einer verkehrsreichen Straße auf den Bus wartet und ihn versucht, von weitem unter all den näher kommenden Lichtern auszumachen. Dann kann man manchmal dem Gehirn quasi zuschauen, wie es aus dem gesamten Datenmaterial des Gesehenen durch Versuch, Irrtum und Abgleich mit bereits Bekanntem Wirklichkeit zu konstruieren sucht. Auf einmal macht es klick: Das diffuse Farbe-Form-Gemisch ist nun als Bus hinter einem Lastwagen mit Straßenlaternen rechts und links identifiziert. »Man sieht nur das, was man schon kennt«, heißt ein bekannter Ausspruch. Man sieht natürlich sehr viel mehr, aber das bildet für uns noch längst keine kohärente Wirklichkeit.

Es ist sehr interessant, sich auf diese Weise mit dem Sehsinn zu beschäftigen, sich vom Sehen überraschen zu lassen und auch das Gehirn zu überraschen, indem man es mit gänzlich Ungewohntem, mit unvertrauten Perspektiven und Maßstäben konfrontiert und damit experimentiert. Ein solcher Effekt stellt sich vielfach beim Betrachten von Kunst ein, die uns mit Welten bekannt machen kann, von denen wir manchmal noch nicht einmal ahnten, dass es sie geben könnte, geschweige denn dass wir einen Namen für sie hätten. (Das gilt entsprechend natürlich auch für Kunst, die primär andere Sinne als den Sehsinn anspricht.)

Viele Begriffe und Redewendungen, die sich auf gedankliche Prozesse beziehen, sind übrigens dem Sehsinn entlehnt: Wir haben An-sichten, An-schauungen, Sicht-weisen, Perspektiven. Manche noch heute gängigen Redewendungen beziehen sich auf eine gänzlich andere Vorstellung vom Sehvorgang. So ging Pythagoras davon aus, dass Sehstrahlen von den Augen ausgingen und dann von den Körpern zurückgedrängt würden. Von dieser Sicht künden Wendungen wie: einen Blick auf etwas werfen, Blicke austauschen, genau hinsehen, tief in etwas hineinschauen.
Auch für diesen Bereich gilt das oben Gesagte: Es ist mehr als lohnend, die Dinge immer wieder aus einem anderen Blickwinkel zu betrachten, wahrzunehmen und zu experimentieren, dann erscheinen sie uns in anderem, in neuem Licht, und wir erkennen, dass es mehr gibt als unsere gewohnten Wahrneh-

mungsweisen und mehr gibt als die Welt, in der wir uns auf den immer gleichen ausgetretenen Pfaden bewegen.

Haben wir bei unserer Wahrnehmung des Sehrvorgangs erfahren, dass es eine winzige Lücke zwischen Sehen und Benennen gibt, so können wir bei achtsamer Begleitung des Vorgangs noch drei weitere solche Lücken entdecken:
- eine zwischen dem Benennen und dem Bewerten des Benannten als Angenehmes, Unangenehmes und eher Neutrales;
- eine weitere zwischen dem Bewerten und den Impulsen, das Angenehme haben und das Unangenehme nicht haben oder loswerden zu wollen;
- eine dritte zwischen Bewerten/Impulsen und dem Ranken und Ausschmücken von Geschichten darum.

In jeder dieser Lücken haben wir die Wahl:
- den Prozess weiterlaufen zu lassen zur nächsten Stufe hin, bis alle durchlaufen sind;
- oder ihn zu unterbrechen, innezuhalten, auf die Stufe des reinen Sehens von Formen und Farben zurückzukehren;
- oder das Etikettieren einfach wahrzunehmen, ohne zu werten;
- oder das Werten einfach wahrzunehmen, ohne dem Impuls des Habenwollens oder Nichthabenwollens zu folgen;
- oder diesem Impuls zu folgen, ohne darum weitere Geschichten oder Dramen zu stricken;
- oder all das einfach loszulassen.

Diese Vorgänge geschehen gewöhnlich so schnell und automatisch, dass wir diese Lücken kaum wahrnehmen. Doch wenn wir sie mit zunehmender Achtsamkeit begleiten, können wir ihrer gewahr werden und das Potenzial erkennen, das darin liegt. In diesen Lücken ist nämlich unsere Freiheit verborgen, die darin liegt, scheinbar automatisch ablaufenden Prozessen nicht ausgeliefert zu sein, sondern innehalten und sie unterbrechen zu können. Hier liegt unsere Freiheit begründet, nicht unseren konditionierten Mustern zu folgen, sondern unsere Lebenswirklichkeit anders zu erleben und zu gestalten. Diese Lücken lassen sich bei allen Sinneswahrnehmungen ausmachen und entsprechend nutzen.

Hören

Zwei Freunde sitzen nach einer langen Wanderung am Rain eines Waldes auf einer Bank. Vor ihnen liegt ein kleines Dorf. Ein Bauer ist einige hundert Meter unterhalb von ihnen mit seinem Trecker dabei, ein Feld umzupflügen, die Kirchturmglocken läuten, Vögel zwitschern, und einige Frösche quaken von einem nahe gelegenen Tümpel her. »Wie wunderbar still ist es doch auf dem Land, wie erholsam«, sagt der eine der beiden, und der andere nickt zustimmend. Beide leben in der Stadt, wo sie oft den Lärm beklagen und es ihnen schnell zu laut wird.

Tagtäglich sind die meisten Menschen vor allem in städtischen Gebieten enormen Geräuschkulissen ausgesetzt, und Lärmbelästigung ist längst als ein bedeutender Stressfaktor und als krankmachend bekannt. Vieles hören wir schon gar nicht mehr, vor allem wenn wir der Lärmquelle regelmäßig ausgesetzt sind. Bekannte von mir leben in unmittelbarer Nähe der Stadtautobahn, nehmen den Verkehrslärm, wie sie sagen, aber schon lange nicht mehr wahr, sondern genießen auf ihrer Dachterrasse den freien Blick über Berlin, den ich bei einem Besuch gar nicht goutieren konnte, da ich mich von dem Autolärm so beeinträchtigt fühlte.

Beim Hören, wie auch bei allen anderen Sinneserfahrungen, finden ähnliche Prozesse wie die beim Sehen beschriebenen statt. Nahezu automatisch benennen wir das Gehörte und unterlegen es mit dem Bewertungsschema: angenehm, unangenehm und neutral (zum Weiteren siehe oben). Unseren Bewertungen zufolge werden Natur und Land von Städtern oft generell als wohltuend still erlebt, obwohl, wie dem Beispiel oben zu ersehen ist, viele und keineswegs nur hintergründig leise Geräusche zu hören sein mögen, aber Vogelgezwitscher, in der Ferne Traktorengeräusche, das Quaken von Fröschen (außer dies hindert uns am Einschlafen), das Kikeriki eines Hahnes, das Pfeifen des Windes finden wir im Allgemeinen angenehm, Hupen, Türenschlagen, Motorengeräusche, laute Musik, lärmendes Gegröle Betrunkener dagegen unangenehm.

Bei einer Ausstellung in der Neuen Nationalgalerie in Berlin gab es vor Jahren eine Installation, bei der man eine längere Abfolge von Geräuschen hörte, die einen angenehmen, fast meditativen Klangteppich ergaben. Es waren, wie auf einer Tafel zu lesen war, die aufgenommenen Verkehrsgeräusche an einer vielbefahrenen Autobahn in verlangsamtem Tempo abgespielt.

Übung: Setzen Sie sich an einen Ort, der Ihnen gefällt, an dem Sie sich wohl fühlen, auf eine Bank in einem Park, einem Garten, im Wald. Sie können sich aber auch mitten auf eine Verkehrsinsel oder in ein Einkaufszentrum stellen, wo auch immer es Sie interessiert, neue Hörerfahrungen zu machen. Hilfreich ist es, die Augen zu schließen, da ansonsten das Sehen mit dem Hören um Ihre Aufmerksamkeit konkurrieren wird. Nehmen Sie für einen Moment die Ohren wahr. Können Sie sie spüren? An welchen Stellen? Vielleicht bewegen

Sie sie ein wenig von innen her, um sie deutlicher zu spüren. Lauschen Sie dann auf das, was in das Sinnesfeld Hören eintritt. Spitzen Sie nicht angestrengt die Ohren, lassen Sie sie ganz entspannt, lauschen Sie auf das, was zu Ihnen kommt, lauschen Sie mit dem ganzen Körper. Versuchen Sie einfach nur zu hören, ohne das Gehörte zu benennen, ohne das Benannte zu bewerten. Nur hören. Sie werden merken, dass auch hier das Benennen fast automatisch geschieht (»ah, Vogelgezwitscher, Schlagen der Autotür, Menschenstimmen«, oftmals verbunden mit entsprechenden visuellen Vorstellungen), aber dass Sie das, wenn Sie es merken, auch wieder loslassen und zum vorbegrifflichen, reinen Hören zurückkehren können. Bleiben Sie so lange dabei, wie es Ihnen angenehm ist.

Ich persönlich finde es sehr entspannend, sich mit der Aufmerksamkeit, gerade in Stresssituationen, immer wieder einmal auf das reine Hören auszurichten und dort eine Weile zu bleiben, manchmal reichen schon einige Atemzüge, um die Gedankenkarusselle oder emotionalen Stürme etwas zu verlangsamen und zu beruhigen.
Es ist sehr faszinierend, durch achtsames Hören oder Lauschen die Welt der Klänge und Geräusche näher kennenzulernen, einmal genau hinzuhören und wahrzunehmen, wie »Axt spaltet Holzscheit« sich wirklich anhört, »wie Lastzug bremst vor Ampel«, »Flugzeug startet« oder »Menschen auf dem Markt oder in einer Gruppe beisammenstehend«. Da begegnen wir einer ungemein vielfältigen Welt, die wir im üblichen schnellen Hinhören einfach verpassen. Es ist auch spannend zu merken, wie sich das Gehörte etwas »einfärbt«, sobald es benannt und dann fast automatisch bewertet wird.
Auch hier markieren die winzigen Lücken, die es zwischen

Hören und Benennen und Bewerten gibt, unsere Freiheitsräume, mit dem Gehörten (auch einmal anders) umzugehen.
Besonders relevant werden diese Aspekte des Hörens im Bereich menschlicher Kommunikation. Wie oft hören wir gar nicht richtig hin, wenn jemand etwas zu uns sagt, sondern haben schon im Kopf, was wir selbst sagen, erzählen oder antworten wollen, warten im Grunde nur auf eine Redepause des anderen, um endlich unsere Meinung zum Ausdruck zu bringen. Wie oft ist unser Hören durch unsere Voreinstellungen eingefärbt und das Gehörte so mit unseren Meinungen, Urteilen und Bewertungen verwoben, dass wir gar nicht mehr angeben können, was tatsächlich gesagt wurde. Am Ende eines geisteswissenschaftlichen Vortrags stand ich einmal bei einer Gruppe von Leuten, die sich zunehmend darüber in die Haare gerieten, was der Redner eigentlich gesagt hatte. Es ging nicht darum, dass unterschiedliche Ansichten über das Gesagte aufeinanderprallten, so dass die starken Emotionen vielleicht verständlich gewesen wären, nein, es ging darum, dass vollkommen unterschiedliche Meinungen darüber im Raum standen, was der Redner überhaupt gesagt hatte! Die Gruppe trennte sich schließlich in ziemlichem Unfrieden, ohne zu einem Konsens gekommen zu sein.

Wenn das, was gesagt wurde, von jemandem geäußert wurde, der uns unsympathisch ist, hören wir es anders, als wenn es von jemandem stammt, den wir gut finden. Bewundern wir jemanden, klingt in unseren Ohren noch das Banalste tiefgründig; lehnen wir jemanden ab, wollen wir meist gar nicht hören, was er zu sagen hat. Fühlen wir uns von dem Gesagten kritisiert, überlegen wir schon während des Hörens, welcher Gegenschlag uns möglich ist, und holen dazu aus, außer wir fühlen uns in einer Position, in der wir meinen, uns cool geben und gute Miene zum bösen Spiel machen zu müssen. Dann sinnen wir nach anderen, späteren Formen der Rache. Sind wir in einer Gruppe, hören wir oft nur mit halbem Ohr, denn unsere Aufmerksamkeit ist schnell damit beschäftigt, was wir denn nun Kluges, Witziges, Heiteres, Tiefes beitragen könnten und wie das wohl wirken und unsere Bedeutsamkeit in der Gruppe heben könnte.

Auf der Ebene des Hörens ergeben sich wohl die meisten Missverständnisse und Ursachen für Zwistigkeiten und Zerwürfnisse. Jeder, der in einer Partnerschaft lebt oder gelebt hat, weiß sicher ein Lied davon zu singen. Es gibt mittlerweile eine Fülle von Ansätzen und Trainings zum Thema Kommunikation (siehe auch Literatur im Anhang). Zentral ist dabei immer wieder die Rückkehr zu einem reinen Zuhören oder, wie es bei Thich Nhat Hanh heißt, zu einem tiefen Zuhören, bei dem in aller Offenheit gehört wird, was gesagt wird, bei dem wir achtsam wahrnehmen, wenn wir uns wieder verengen und nur noch durch unsere konditionierten Filter hören, und dann immer wieder zur Offenheit des Hörens zurückkehren. Gespräche, die von einem solchen tiefen Zuhören getragen sind, haben, egal um was es darin geht, eine deutlich wahrnehmbar andere Qualität. Es ist, als wären die Beteiligten in einen gemeinsamen Raum des Gewahrseins eingetreten, in dem alles gleichermaßen sein darf, auch Worte der Kritik, und aus dem heraus erstaunliche Erkenntnis- und Heilungsprozesse möglich sind.

Die Ebene des tiefen Zuhörens oder reinen Lauschens ist ein überaus spannendes Experimentierfeld. So kann es zum Beispiel auch interessant sein, in Gesprächssituationen beim Zuhören ab und zu auf die Ebene des reinen Hörens zu gehen und die Klänge und Geräusche als Klänge und Geräusche zu hören und nicht als Worte und Sätze.

Riechen

> *Der Dichter kann es besingen,*
> *der Maler in reichen Bildern darstellen,*
> *aber den Duft der Wirklichkeit,*
> *der dem Betrachter auf ewig in die Sinne dringt*
> *und darin bleibt, können sie nicht wiedergeben.*
> HANS CHRISTIAN ANDERSEN

Der Geruchssinn ist der differenzierteste unserer Sinne, der schon winzigste Duftstoffmengen wahrzunehmen vermag. Er gehört zusammen mit dem Geschmackssinn zu den ältesten Sinnen des Menschen. Bereits die einfachsten Lebensformen wie Bakterien und tierische Einzeller besitzen die Fähigkeit, Stoffe in ihrer Umgebung wahrzunehmen. Daraus entwickelten sich im Lauf der Evolution der Geruchs- und der Geschmackssinn. Gerüche, die in der Natur vorkommen, bestehen aus vielen unterschiedlichen Duftstoffen. Um sie verarbeiten zu können, ist ein reichhaltiges Repertoire an Duftstoffrezeptoren in der Riechschleimhaut der Nasenhöhle vonnöten. Wir Menschen verfügen über zirka 400 unterschiedliche Duftstoffrezeptoren, Mäuse, Ratten oder Hunde sogar über zirka 1000.

Im Vergleich zu vielen Tieren, deren Überleben sehr von diesem Sinn abhängt, deren Welt vor allem eine Geruchswelt ist, scheint der Geruchssinn für uns heutige Menschen nur noch eine untergeordnete Rolle zu spielen. Wir müssen unsere Nahrung nicht erschnüffeln, sondern kaufen sie im Laden und lesen ihre Genießbarkeit am Verfallsdatum ab. Doch ist der Geruchssinn keineswegs ein evolutionäres Relikt, sondern besitzt eine noch immer wichtige Bedeutung für uns. Das zeigt auch unsere Sprache, in der Emotionen mit Wörtern aus der Welt des Geruchssinns verknüpft sind. Wir sprechen vom »süßen

Duft des Erfolgs«, wissen, dass »Geld nicht stinkt«, und haben rechtzeitig »den Braten gerochen«.

Manchmal kann man Menschen »gut riechen«, was nicht heißen muss, dass diese für uns einen intensiv wahrnehmbaren angenehmen Geruch haben müssen, sondern dass wir sie mögen. Die meisten kennen aber auch die Erfahrung, einen anderen Menschen nicht riechen zu können, und das bedeutet nicht, dass der andere einem vollkommen geruchlos erscheint. Oft weiß man aber gar nicht genau zu sagen, warum man dem anderen gegenüber so empfindet, man spürt nur eine große Abneigung bis hin zu Ekelgefühlen gegen diese Person, gegen die, selbst wenn man wollte, kaum etwas auszurichten ist.

Bei all diesen Prozessen sollen Pheromone, Duftstoffe, die unbewusst wahrgenommen werden, also stets unterhalb der Wahrnehmungsschwelle bleiben, eine Rolle spielen und unsere Partnerwahl, unsere Sympathie und Antipathie und unsere sozialen Kontakte beeinflussen.

Im Allgemeinen führt die Nase bei uns aber eher ein Schattendasein, da vor allem der Seh-, aber auch der Hörsinn unsere Aufmerksamkeit beanspruchen. Doch ist die Welt der Gerüche und Düfte ungemein vielfältig und lohnt nähere Erkundungen. Als ich es nach vielen Jahren intensiven Rauchens endlich schaffte, damit aufzuhören, und langsam aus einer Geruchstaubheit erwachte, waren es wunderbare Entdeckungen, nicht mehr nur durchdringende, starke Gerüche, sondern auch leichte, sanfte, die ich jahrelang nicht mehr wahrgenommen hatte, nun auf einmal wieder, und sei es nur schwach, riechen zu können.

Übung: Machen Sie es sich gemütlich, da, wo es für Sie angenehm ist, draußen in der Natur, auf einer Wiese, im Wald, in einem Park, da, wo Sie auf eine Vielzahl von für Sie angenehme Geruchserfahrungen hoffen können. (Natürlich können Sie sich auch in das Wartehäuschen eines Busses an der Hauptverkehrstraße setzen.) Am besten schließen Sie die Augen, damit nicht der Sehsinn Ihre Aufmerksamkeit auf sich zieht. Richten Sie Ihre Aufmerksamkeit zunächst auf Ihre Nase. Nehmen Sie die Nase wahr, ihre Form, die Nasenwände, wenn die Luft ein- und ausströmt, bewegen Sie Ihre Nase. Können Sie die Bewegung wahrnehmen? Wo? Können Sie einzelne Muskeln ausmachen? Können Sie mit ihnen spielen?

Richten Sie dann die Achtsamkeit von der Nase weg auf die ein- und ausströmende Luft. Können Sie einen Geruch wahrnehmen? Möglicherweise haben Sie zunächst das Gefühl, dass sie gar nichts riechen. Aber vielleicht ist da nach einer Weile ein wenn auch schwacher Geruch, den Sie wahrnehmen. Und dann noch ein weiterer, den sie davon unterscheiden können. Bleiben Sie dabei. Riechen Sie einfach nur, ohne den Geruch sofort zu identifizieren (»Rose, Abgase, Holzfeuer«) oder zu bewerten, zu klassifizieren (»wundervoll duftend«, »das stinkt«). Entdecken Sie auch hier die Lücken, die Ihnen die Freiräume geben, einmal anders als gewohnt zu reagieren.

Es ist interessant, mit der Welt der Gerüche zu experimentieren, indem wir dieses achtsame Riechen an den verschiedensten Orten erproben. Es gibt inzwischen Restaurants, in denen man in vollkommener Dunkelheit isst. Der Sehsinn ist nahezu ausgeschaltet, und dadurch rücken die anderen Sinne mehr in den Vordergrund und in das »Blickfeld« unserer Aufmerksamkeit. Da man die Speisen nicht sehen kann, wird der Geruchssinn besonders wichtig, er vermag dem plötzlich zur Blindheit

Verurteilten die Sicherheit und Orientierung zu geben, dass das, was er sich in den Mund stecken wird, geruchsmäßig diesem oder jenem gleicht, was er in der Vergangenheit gefahrlos und mit Genuss gegessen hat, und er wird dabei meist einen bislang ungekannten Nuancenreichtum von Gerüchen entdecken können.

In unser bewusstes Wahrnehmungsfeld treten Gerüche im Alltag meist erst und nur dann, wenn sie besonders angenehm oder unangenehm sind. Dann allerdings können unsere Erfahrung und Reaktion sehr intensiv sein. Gerüche können in uns starke Emotionen auslösen: Angst, Freude, Ekel, Verlangen, Abscheu und Zuneigung. Vermutlich gibt es Gerüche, die auf alle Menschen abstoßend wirken (beispielsweise der Gestank von verrottendem Fleisch), die meisten Gerüche jedoch bewerten wir je nach persönlicher Erfahrung und kulturellem Hintergrund, und mit vielen Gerüchen verbinden wir Erinnerungen, die unsere Wahrnehmung und Bewertung des Geruchs beeinflussen. Der Umgang mit starken, unangenehmen Gerüchen ist für viele Menschen ein besonders heikler Punkt. Ekel als häufige Reaktion auf als unangenehm empfundene Gerüche ist selbst ein sehr starkes, unangenehmes Gefühl.
Manche haben ein sehr ausgeprägtes Bewusstsein dafür, dass der Geruch durch die Nase in ihren Körper gelangt, in gewisser Weise in sie eindringt, sie besetzt, ohne dass sie das verhindern könnten, Kontrolle darüber hätten. Es gibt da keine Distanz, sondern der Geruch ist unmittelbar, ganz nah. Bei Gerüchen, die als sehr unangenehm erlebt werden, erwächst die heftige Reaktion manchmal schon allein aus dem Gefühl der Grenzüberschreitung heraus.
Ich habe viele Jahre lang in einer kleineren Buchhandlung gearbeitet. Einer unserer Kunden, ein sehr beleibter, freundlicher, älterer Mann, arbeitete in einem Fischgeschäft. Wenn er

den Laden betrat, überlagerte der Fischgeruch sofort alles. Ich merkte, wie ich mich instinktiv immer etwas zur Seite drehte, wenn er vor mir stand und ich den größtmöglichen Abstand zu wahren suchte, so als könnte ich diesem alldurchdringenden Geruch dadurch entkommen. Ich musste mich sehr bemühen, ihn nicht mit Abscheu anzustarren, gefolgt von schlechtem Gewissen, da er so ein freundlicher, liebenswürdiger Mann war und ja »nichts dafür konnte«. Alles verkrampfte sich in mir als Abwehrreaktion auf diese Geruchsinvasion. Heute gelingt es mir manchmal in vergleichbaren Situationen, zur Ebene des reinen Riechens zurückzukehren, mich dahinein zu entspannen und möglichst lange auf dieser vorbegrifflichen Ebene zu bleiben.

Oftmals aber haben Menschen eine Geruchssensibilität für Gerüche, die ihnen seit der Kindheit verhasst sind oder mit denen sehr schmerzhafte Erinnerungen verbunden sind, die ihnen nicht einmal bewusst sein müssen.

Das Wissen um die vorhandenen, wenn in dem Fall vielleicht auch nur winzigsten Lücken zwischen reiner Riecherfahrung, Benennen, Bewerten und den entsprechenden Impulsen kann auch hier genutzt werden, um diesen Erfahrungsprozess genau zu durchleuchten. Auf welcher Ebene setzt die heftige Reaktion ein, bereits auf der Ebene der reinen Riecherfahrung oder erst auf der der Benennung? Auf welcher Ebene setzen die assoziierten Erinnerungen ein? Vielleicht gibt es ein breiteres Spektrum an Möglichkeiten, mit schwierigen Geruchserfahrungen auch einmal anders als gewohnt umzugehen.

Schmecken

> *Voller Apfel, Birne und Banane,*
> *Stachelbeere ... Alles dieses spricht*
> *Tod und Leben in den Mund ... Ich ahne ...*
> *Lest es einem Kind vom Angesicht,*
> *wenn es sie erschmeckt. Dies kommt von weit.*
> *Wird euch langsam namenlos im Munde?*
> *Wo sonst Worte waren, fließen Funde,*
> *aus dem Fruchtfleisch überrascht befreit.*
> *Wagt zu sagen, was ihr Apfel nennt.*
> *Diese Süße, die sich erst verdichtet,*
> *um, im Schmecken leise aufgerichtet,*
> *klar zu werden, wach und transparent,*
> *doppeldeutig, sonnig erdig, hiesig –;*
> *O Erfahrung, Fühlung, Freude –, riesig!*
> RAINER MARIA RILKE

Säuglinge und kleine Kinder erkunden die Welt vor allem mit dem Mund. Im Mund »erkennen« sie die Welt, deren Konsistenzen, Formen und Geschmäcker, seien es der eigene Zeh, die Mutterbrust, eine Rassel, Erde, ein Legostein, ein Finger, ein Buch, Dreck. Zum Entsetzen ihrer Eltern nehmen sie alles ohne Unterschied in den Mund, um sich auf diese Weise mit der Welt vertraut zu machen. Mit der Zeit, und unter Beihilfe der Erwachsenen, die diese nicht unterscheidenden Entdeckungsreisen meist mit Argusaugen verfolgen, werden dann die anderen Sinne zunehmend wichtiger für das Erleben des Kindes. Die Unmittelbarkeit des oralen Kontaktes wird allmählich ersetzt durch die distanzierteren Sinneskontakte des Sehens und Hörens.

Das Schmecken ist ein mit dem Riechen eng verwandter Sinn.

Wenn wir erkältet sind und nichts riechen, schmecken wir auch nichts oder kaum etwas. Erwachsene erleben den Geschmackssinn vor allem beim Essen und Trinken, in welchem Ausmaß, hängt sehr von den jeweiligen Ess- und Trinkgewohnheiten ab. Ob man sein Essen hinunterschlingt oder genüsslich und langsam isst, wird ein sehr unterschiedliches Geschmackserlebnis zur Folge haben. Isst man sehr schnell und gedankenlos und liest dabei noch Zeitung oder guckt fern, wird man danach kaum Auskunft darüber geben können, wie es wirklich geschmeckt hat. »Wie hat es Ihnen geschmeckt?« Auf die obligatorische Frage beim Restaurantbesuch können viele von uns ehrlicherweise kaum differenzierter als mit »gut« oder »sehr gut« oder »war in Ordnung« oder »nicht so gut« antworten. Wir kämen in Verlegenheit, sollten wir uns zu den Geschmacksnuancen näher äußern, zumal wenn wir unser Essen in Gesellschaft eingenommen haben und unsere Aufmerksamkeit mehr bei den Gesprächen als bei den Speisen lag. Dabei ist unser Mund durchaus dafür ausgestattet, differenzierte Urteile zu erlauben. Rund 3000 Geschmacksknospen, winzige Hügelchen, erheben sich in der Mundhöhle, meist auf der Zunge. Jede von ihnen enthält etwas 50 Sinneszellen, die auf die Geschmacksrichtungen ansprechen.
Wir können aber unsere Geschmacksnerven nicht verbessern, auch nicht durch den Genuss von gutem Essen, wie Christof Zirkelbach, der Küchenchef des Benediktushofes, in seinem Buch *Wie Zen schmeckt* sagt. »Die Geschmacksnerven sind mit einer bestimmten Anzahl von Sinneszellen ausgestattet, die Sie höchstens von schädlichen Einflüssen wie Rauchen oder dem ständigen Gebrauch von Geschmacksverstärkern befreien können. Was Sie tun können, ist, ihre Assoziationsfähigkeiten beim Schmecken zu schulen. Indem sie genau ›hinschmecken‹ und sich bewusst werden, was sich da gerade in ihrem Mund im wahrsten Sinne des Wortes ›abspielt‹.«[5]

Übung: Probieren Sie es aus. Machen Sie es sich bequem und schließen Sie am besten die Augen. Richten Sie Ihre Aufmerksamkeit zunächst auf den Mund. Versuchen Sie ihn wahrzunehmen, die aufeinanderliegenden Lippen, den Innenraum des Mundes. Öffnen und schließen Sie den Mund langsam einige Male, um ihn näher zu erkunden. Atmen Sie bewusst einige Male durch den Mund ein und aus und spüren Sie das Einströmen und Ausströmen der Luft. Wo können Sie die Luft wahrnehmen? Wandern Sie dann mit der Aufmerksamkeit in den Mundinnenraum. Erkunden Sie diesen Raum, ertasten Sie ihn mit der Zunge. Welche Empfindungen nehmen Sie wahr? Wie fühlt sich die Berührung von Zunge und Gaumen an?

Nehmen Sie dann etwas in den Mund, vielleicht eine Nuss, ein Stück Obst, eine Rosine, was auch immer, und machen Sie sich damit vertraut. Bewegen Sie es im Mund, ertasten Sie es mit der Zunge und schmecken Sie es. Nehmen Sie nur wahr. Lassen Sie sich ein auf das Abenteuer des Nur-Schmeckens. Wie ist die Oberfläche des Dings in Ihrem Mund? Weich, rauh, glatt, zerklüftet? Erfühlen Sie die Konsistenz. Ist sie weich, hart, breiig, knackig, teigig oder noch anders? Schmecken Sie etwas, oder erschließt sich der Geschmack erst durch das Zerbeißen? Spüren Sie die Vermischung dessen, was Sie in Ihrem Mund erforschen wollen, mit dem Speichel. Kauen Sie und spüren Sie, wie sich dadurch das, was Sie schmecken, vielleicht noch verändert. Schlucken Sie schließlich und spüren Sie nach, ob in Ihrem Mundraum noch ein Geschmack zurückbleibt. Wo ist er angesiedelt. Weiter vorn im Mund, eher hinten? Es kann interessant sein, dies mit Nahrungsmitteln von sehr unterschiedlichen Konsistenzen und Geschmacksrichtungen auszuprobieren, um sich diesen Sinn näher zu erschließen und zu erkunden, welchen überaus großen Erfahrungsreichtum er in sich birgt.

»Wir können keine neuen Geschmäcker erfinden, aber wir können für einen flüchtigen Moment einen ebenso flüchtigen Zustand von Wohlbefinden und Erinnerung, Überraschung und Entzücken in unserem flüchtigen Dasein für uns und andere herstellen«, so Christof Zirkelbach.[6]
Wenn man nach einer Fastenkur zum ersten Mal wieder etwas isst, meint man noch niemals zuvor einen so köstlichen, geschmackvollen Kartoffel- oder Möhrenbrei gegessen zu haben.
Auch der Besuch in einem der bereits erwähnten Dunkelrestaurants ermöglicht ganz neue Schmeckerfahrungen. Die Unsicherheit, die sich meist einstellt, wenn man sich in das Dunkel des Restaurants hineinbegibt, zeigt deutlich, wie sehr in unserem Alltag der Sehsinn dominiert und uns Orientierung und Sicherheit vermittelt. Das fällt nun weg. An den Tisch geführt und bedient wird man in solchen Restaurants im Allgemeinen von blinden Kellnerinnen und Kellnern, die sich in dieser für Sehende undurchdringlich dunklen Welt souverän zu bewegen wissen. Der Teller und das Besteck müssen ertastet werden, und zwar möglichst die eigenen und nicht die der jeweiligen Nachbarn; die Nahrung auf dem Teller muss gefunden und je nach Konsistenz aufgespießt oder mit dem Löffel aufgenommen werden. Der Mund muss gefunden werden, und das nicht durch den Sehnerv vorab identifizierte Essen muss hineingeschoben werden. Vielleicht konnte man es durch den Riechsinn identifizieren, vielleicht erst durch das Schmecken, vielleicht kann man es aber auch gar nicht eindeutig identifizieren, sondern entwickelt nur vage oder manchmal auch ganz falsche Vorstellungen über das, was man da isst, und kann lediglich Konsistenz und Geschmacksrichtungen bestimmen. Es ist ein sehr faszinierendes Erleben ganz ungewohnter und äußerst differenzierter Sinneserfahrungen, das einem eine ganz neue Welt vielfältigster Geschmäcker eröffnet. Das unge-

wohnte Ambiente, die Dunkelheit, durch die sich die Wahrnehmungsaufmerksamkeit vom ansonsten dominierenden Sehsinn auf die anderen Sinne verlagert, erleichtert und fördert auf eine zunächst ganz unvertraute Weise etwas, das ansonsten vielen von uns nicht selbstverständlich ist und dann auch nicht ganz leichtfällt: das achtsame Essen.

Achtsam zu essen, genau wahrzunehmen, was man isst, was man schmeckt, stellt für sehr viele Menschen eine große Herausforderung dar. In unserer schnelllebigen Zeit, in der wir von Termin zu Termin eilen, ständig mit irgendwelchen Dingen beschäftigt sind und dabei die als Nächstes anstehenden schon im Kopf haben, erledigen wir das Essen oft nebenbei, vielleicht sogar im Stehen; es erscheint uns Zeitverschwendung, uns für das Essen Zeit zu nehmen, uns nur mit dem Essen zu beschäftigen. Und so lesen wir dabei, schauen fern oder surfen im Internet, während wir uns irgendetwas automatisch in den Mund schieben, kauen und runterschlucken und oft im Nachhinein dann gar nicht mehr wissen, was wir eigentlich gegessen haben, nicht davon zu reden, wie es geschmeckt hat. Damit verkümmert natürlich, da er so wenig Beachtung erhält, der Geschmackssinn. Thich Nhat Hanh spricht davon, dass wir häufig, statt uns an den tatsächlichen Speisen zu erfreuen und sie zu genießen, nur unsere Sorgen, unseren Ärger und unsere Probleme essen.
Gewohnheiten sind schwer zu verändern und nur dann, wenn das andere, Neue als lohnenswert und interessant erscheint. Vielleicht machen Ihnen ja gelegentliche Erkundungsreisen in die Welt der Geschmäcker Lust, die Aufmerksamkeit für dieses Sinnesfeld zu schärfen.

Übung: Nehmen Sie das nächste Mal beim Essen wahr, wie Sie mit der Hand, der Gabel oder dem Löffel etwas von der Speise aufnehmen, zu Ihrem geöffneten Mund führen, auf der Zunge ablegen und dann zu kauen beginnen. Während Sie kauen, sollten Sie nichts anderes tun als kauen, also nicht bereits wieder vom Teller den nächsten Bissen aufnehmen wollen. Kauen und schmecken Sie einfach nur. Wenn Sie den Bissen heruntergeschluckt haben, nehmen Sie einen neuen auf, den Sie achtsam zum Mund führen und wieder in Ruhe und mit begleitender Achtsamkeit so lange kauen, wie es Ihnen natürlich erscheint. Erst dann, nach dem Schlucken, greifen Sie zum nächsten Bissen. Nehmen Sie auch Ihre Gedanken und Empfindungen wahr: ihre oft sehr schnellen Urteile über das Essen; die Gier, die möglicherweise in Ihnen aufsteigt, wenn Sie mehr davon wollen, aber vielleicht gar nicht mehr so viel davon da ist. Der Ärger und die Wut, die Sie spüren, wenn Sie mit anderen gemeinsam essen und die sich in Ihren Augen zu viel nehmen. Sich und die eigenen Reaktionen beim Essen genauer wahrzunehmen ist ein sehr interessantes Studienfeld, bei dem wir einiges über uns selbst erfahren können. Das Essen ist ein Bereich, in dem sich unsere »archaische« wie unsere »zivilisierte, domestizierte« Natur gleichermaßen zeigen und zum Teil in heftigem Widerstreit miteinander liegen. Kehren Sie immer wieder mit Ihrer Achtsamkeit zum Vorgang des Essens zurück, zum Geschehen selbst. Spüren Sie am Ende des Essens, wenn der letzte Bissen runtergeschluckt ist, noch einmal nach und registrieren Sie, ob Ihre Geschmacksnerven noch angeregt sind, welchen »Nachgeschmack« das Essen bei Ihnen hinterließ, ob Sie sich nun noch hungrig oder gut gesättigt fühlen, müde oder gekräftigt, schwer oder energiegeladen.

Berühren

Auf der Suche nach der einen natürlichen Sprache der Menschheit ließ der Staufenkaiser Friedrich II. im 13. Jahrhundert Kleinkinder noch vor dem Eintritt der Sprachentwicklung einzeln einsperren. Die Kinder wurden gänzlich von der Außenwelt abgeschnitten, sie wurden zwar gefüttert, aber nie berührt, gestreichelt, im Arm gehalten oder angesprochen. Der Kaiser erhoffte sich, dass sie irgendwann in einer menschlichen Ursprungssprache zu reden anfingen. Doch das Experiment schlug fehl, da alle Kinder starben.

Der Tastsinn wird vielfach als «Mutter der Sinne» bezeichnet. Wie das Nervensystem entwickelt sich die Haut des Embryos aus der äußersten Zellschicht. Das Nervensystem ist somit der nach innen gewendete Teil der Haut, die Haut das nach außen gestülpte Nervensystem. Schon von der sechsten Woche an entwickelt sich beim Embryo der Tastsinn. Mit acht Wochen löst ein Streicheln der Oberlippe ein leichtes Zurückweichen des Körpers von der Stimulationsquelle aus. In einem Entwicklungsstadium, in dem der Embryo weder Augen noch Ohren hat, ist die Haut bereits so weit entwickelt, dass Kontakt und Berührung zu orientierungsbildenden Erfahrungen führen, auf denen alle späteren Wahrnehmungsprozesse aufbauen.

Die Haut umhüllt uns vollkommen, sie ist das früheste und sensitivste unserer Sinnesorgane, sie ist unsere Grenze zu dem, was wir später als Außenwelt erfahren, unser erstes Medium des Austauschs und unser wirksamster Schutz. Für den Säugling ist die Haut das wichtigste Kommunikationsmittel; auch während der Geburt werden die Stimulationen vorwiegend über die Haut erfahren.

»Wenn Babys gestillt werden, tasten sie im Allgemeinen nach der anderen Brustwarze und halten sie fest; sie berühren die eine mit den Lippen und die andere mit ihren winzigen, vollkommenen Fingern und schließen so einen Kreislauf der Liebe und der ständigen Fürsorge, einer nährenden Verbindung, die eine Nahrung bereitstellt, die weit über die bloße Muttermilch hinausgeht.«[7]
Berührung ist die Grundlage unserer menschlichen Existenz. Berichte über schwere Entwicklungsstörungen bei Kindern in Heimen, in denen sie nie Zuspruch und Berührung erlebten, zeigen eindrücklich, wie existenziell das Berührtwerden, die Berührung für unser Überleben ist.
Das Fühlen von Berührung ist, wie die Gerontopsychiatrie belegt, auch der Sinn, der bei sehr dementen Menschen noch am längsten funktioniert. Auch im Sterbeprozess ist es der Sinn, den Sterbende fast bis zum Schluss noch in der Lage sind, wahrzunehmen. Berührung kann dem sterbenden Menschen vermitteln, dass er nicht allein ist, sondern auf seinem Weg begleitet wird. Berührung ist also der Sinn, der uns auf unserem Weg in diese Welt hilft und auch auf dem Weg, sie wieder zu verlassen.

Die Haut ist unser mit Abstand größtes Sinnesorgan, sie ist das Organ der Berührung, wir berühren damit etwas und werden gleichzeitig davon berührt. Berührung ist unser einziger »reziproker Sinn«. Wir können sehen, ohne gesehen zu werden; hören, ohne gehört zu werden, riechen, ohne gerochen, und schmecken, ohne geschmeckt zu werden, aber wir können nicht berühren, ohne berührt zu werden.
Die anderen Sinne verändern auch nicht im Vorgang der Wahrnehmung ihr jeweiliges Objekt, während wir durch Berührung das Objekt unserer Berührung sehr wohl verändern können.

An der Haut hören wir auf und fängt das, was wir als anderes erleben, an. Sie ist immer mit etwas in Berührung, mit Kleidung, mit der Luft. Sie zeigt am sinnfälligsten, wie »nahtlos« unser Kontakt zur sogenannten Außenwelt ist, wie durch die Hautmembran ein fortwährender Austausch stattfindet.

Der Tastsinn vermittelt im Grunde eine Fülle sehr unterschiedlicher Sinneswahrnehmungen. Wir nehmen Eigenschaften wahr wie
- die Beschaffenheit von Oberflächen (rauh, hart, weich, nass, trocken, glatt)
- Temperatur
- Druck
- Konsistenz
- Vibration
- Proportionen, geometrische Maße
- Lust
- Schmerz

Zu diesem Sinnesfeld gehört auch die Empfindung für den eigenen Körper, zu wissen, wo Arme und Beine sind, ohne hinschauen zu müssen, zu spüren, wie der Körper im Raum orientiert ist, und es gehört dazu die Fähigkeit, die Bewegungen und Absichten des Körpers zu erspüren. Eine wohl zunehmende Zahl von Menschen hat Probleme mit der Körperwahrnehmung, weil sie kaum oder gar nicht gelernt hat, diesem Bereich Aufmerksamkeit zu schenken.
In unserer westlichen Kultur wird die ursprüngliche Reihenfolge der Sinnesentwicklung, vom Taktilen bis schließlich über die anderen Sinne zum Visuellen, mit zunehmendem Alter auf den Kopf gestellt. Der Sehsinn dominiert immer mehr, nicht zuletzt durch die Vielzahl der visuellen Medien, die für das Alltagsleben in Beruf und Freizeit eine immer größere

Bedeutung einnehmen und nahezu unentbehrlich scheinen; die anderen Sinne fristen zunehmend ein Mauerblümchendasein.

Übung: Bei dieser Übung geht es zunächst darum, achtsam für den Kontakt des Körpers beziehungsweise der Haut mit der umgebenden Luft zu werden. Die Luft ist überall, in Gebäuden, auf der Straße, in einem Park oder im Wald. Suchen Sie sich einen Ort, der Ihnen angenehm ist, wo Sie sich ungestört und unbeobachtet fühlen. Sie können diese Übung im Sitzen wie im Stehen durchführen.
Am besten schließen Sie die Augen und kommen zunächst einmal innerlich an dem Ort an, den Sie sich ausgesucht haben. Richten Sie nach ein paar Atemzügen die Aufmerksamkeit auf Ihre Haut. Versuchen Sie sie an unterschiedlichen Körperstellen wahrzunehmen. Wo spüren Sie sie am deutlichsten? Vielleicht an den Händen? An den Unterarmen? Was spüren Sie? Wechselnde Wärmeempfindungen? Den Hauch des Windes? Spüren Sie sich da hinein. Beginnen Sie nach einer Weile mit einfachen Armbewegungen. Heben Sie die Arme nach oben, zur Seite, schwingen Sie sie hin und her. Lassen Sie Ihre Arme tanzen. Versuchen Sie mit der Zeit, ein Gefühl für die Luft zu entwickeln, das Medium, das uns ständig umgibt, so wie die Fische stets von Wasser umgeben sind. Heben Sie die Arme mit den Handflächen nach oben. Spüren Sie, dass Sie die Luft dabei nach oben drücken. Drehen Sie, oben angekommen, die Handflächen um und senken Sie die Arme wieder. Spüren Sie, dass Sie die Luft nach unten drücken. Bewegen Sie sich nun freier im Raum mit einem steten Gewahrsein für den »nahtlosen« Körper-Luft-Kontakt. Spielen und experimentieren Sie damit.

Nehmen Sie nun oder zu einem späteren Zeitpunkt einen kleinen Gegenstand (Tennisball, Schal, Decke, was auch immer) in eine oder in beide Hände. Spüren Sie sich in diesen Kontakt hinein, spüren Sie den leichten Druck, mit dem Sie den Gegenstand berühren, seine Textur, versuchen Sie seine Konturen wahrzunehmen. Bleiben Sie ganz bei Ihren Empfindungen. Besonders interessant ist diese Übung, wenn Sie nicht wissen, was Sie in den Händen halten, also in Ihren Wahrnehmungen gänzlich unvoreingenommen darangehen, zu erfühlen, was sie vor sich haben. Bemerken Sie eventuelle Veränderungen in Ihren Wahrnehmungen. So werden Sie im Bereich des unmittelbaren Kontaktes zwischen Gegenstand und Hand oder Fingern mit der Zeit ein Gefühl von zunehmender Wärme verspüren.

Greifen Sie nun einen anderen Gegenstand und erspüren Sie ihn. Können Sie Unterschiede wahrnehmen? Variieren Sie den Druck, mit dem Sie den Gegenstand ertasten. Bleiben Sie immer bei den Empfindungen und verstricken Sie sich nicht in Gedanken oder Geschichten über das Objekt.

Nehmen Sie nun Ihren Körper selbst als Berührenden und Berührtes wahr. Legen Sie eine Hand auf die andere oder an eine andere Körperstelle und spüren Sie sich in diese Berührung hinein. Was nehmen Sie wahr? Welche Empfindungen tauchen auf? Wie ist es, sich selbst einmal die Hand zu halten? Können Sie sagen, wo die eine aufhört und die andere anfängt? Verschmelzen da nicht zwei in einem Gefühlsempfinden zu einem? Experimentieren Sie. Variieren Sie den Druck, die Dauer der Berührung, die Körperstellen, die Sie berühren, und so weiter. Nehmen Sie einfach nur wahr, spüren Sie, ohne den Zwang zu spüren, das Erlebte verbalisieren zu müssen. Nehmen Sie einfach nur wahr.

Die bewusste Ausrichtung der Aufmerksamkeit auf Erfahrungen, die uns durch die unterschiedlichen Sinne möglich sind, macht uns mit den Reichtümern der Seh-, der Klang-, der Geruchs-, der Schmeck-, der Berührungswelt vertraut. Diese sind unerschöpflich. Je mehr wir uns auf diese Welten einlassen, desto mehr werden wir sie zu schätzen wissen und desto mehr Zugang gewinnen wir auch wieder zur Gegenwart, zu der Dimension, in der wir tatsächlich leben. Und so können uns diese Welten in hektischen, stressigen Zeiten zu Zufluchten werden, in denen wir uns neu verankern können. Sich in turbulenten Zeiten immer wieder einmal kleine Auszeiten nehmen, innehalten und für einige Augenblicke einfach schauen, einfach lauschen, einfach dem Atem folgen ist vollkommen unaufwendig, bewirkt aber meist eine gewisse Ruhe und Entspannung. »Nur schauen, nur hören ohne werten und urteilen. Nur da sein, spüren und lauschen – einsehen, dass wir nichts machen können, dass sich die Dinge ereignen, wenn wir ruhig werden, dass wir Einfälle haben, wenn wir leer sind. Nur dann kann ja etwas ›einfallen‹«, sagt der Benediktinermönch und Zenmeister Willigis Jäger.

In solchen Momenten, wenn wir uns für die Sinneswahrnehmungen öffnen, merken wir, wie eingeschränkt wir normalerweise oft leben, denn die meisten von uns haben sich daran gewöhnt, nicht viel mehr wahrzunehmen als nötig. Für das Überleben unserer Gattung war und ist es unumgänglich, dass wir nicht von Sinnesdaten überschwemmt werden, was uns vollkommen handlungsunfähig machen würde. Ein Großteil der durch die Sinne vermittelten Daten wird ohnehin so verarbeitet, dass er nie in unser bewusstes Erleben gelangt. Doch die Reduktion auf das gerade Nötige führt zu immer eingeschränkteren Wahrnehmungswelten und damit zu einer immer engeren Welt, auch wenn sie auf der anderen Seite immer größer und unbegrenzter wird. Viele Kinder, die in der Stadt aufwachsen, wissen höchstens aus dem Fernsehen oder später dem Schulunterricht und nicht aus eigenem Erleben, wie eine Kuh oder ein Schwein aussieht und woher Milch und Eier eigentlich kommen. Der ehemalige Molekularbiologe und buddhistische Mönch Matthieu Ricard berichtet in seinem Buch *Glück* von jungen Börsencracks in Hongkong, die in Schlafsäcken auf dem Fußboden ihrer Büros übernachten, damit sie mitten in der Nacht an ihren Computern den Abschluss der New Yorker Börse nicht verpassen. Ein- oder zweimal im Jahr, so erzählte ihm einer von ihnen, gehe er an den Strand, um sich das Meer anzuschauen und sich an dessen Schönheit zu erfreuen. In solchen Momenten habe er das Gefühl, doch ein sehr seltsames Leben zu führen. Und trotzdem mache er immer so weiter.

Auch wenn dies ein extremes Beispiel sein mag, es ist sicherlich aber kein so seltenes, erleben die meisten von uns wohl auch längere oder kürzere Phasen, in denen wir unsere bewussten Sinneserfahrungen im Energiesparmodus laufen lassen und die Welt nur noch sehr eingeschränkt wahrnehmen (»Tunnelblick«), um bestimmten Anforderungen gerecht zu werden. Manchmal verfestigt sich das mit der Zeit zu nur noch schwer zu durchbrechenden Gewohnheitsmustern, und wir verarmen in unserer Glitzerwelt aus Internet, Fernseher, E-Mail, SMS, Twitter und Facebook. Für Matthieu Ricard ist dies auch eine Folge fehlender Auseinandersetzung mit uns selbst. »Dichtgedrängt sitzen wir auf der Oberfläche der Illusion, auf einem funkelnden Spiegelbild, ohne uns auch nur einmal die Zeit zu nehmen, aus tiefster Seele die entscheidende Frage hochkommen zu lassen: ›Was ist mir in diesem Leben wirklich wichtig.‹«[8]

Orientierungen in der bunt chaotischen Welt unserer Gedanken und Gefühle

Im offenen Raum des Gewahrseins mögen schwierige Emotionen einen Moment lang verweilen, um sich dann aufzulösen wie der Nebel, wenn er von der Sonne beschienen wird. Dabei wird offensichtlich, dass die Natur vergänglich, leer und unerfassbar ist – und so werden sie zu Futter für die Weisheit.
Fred von Allmen

Durch die Welt, in der wir leben, bewegen wir uns oftmals im Selbstgespräch fortwährenden Kommentierens; wir verdecken diese Welt unter der Gaze unserer Urteile, Wertungen und Vergleiche. Schenken wir diesem fortwährenden Geplapper unsere Aufmerksamkeit, indem wir unsere Gedanken einmal bewusst wahrnehmen, wird uns das manchmal durchaus erschrecken, da unsere Gedanken oftmals äußerst banal sind, sich gern wiederholen oder sich als Gedankenschleifen immer und immer wieder abspulen. Manchmal sind unsere Gedanken auch sehr kategorisch. Wir meinen, die Stimme der von uns als sehr urteilend empfundenen Mutter oder des strengen Vaters zu hören, wenn wir unseren Kommentaren über dieses oder jenes zuhören. Sich mit den eigenen Gedankenwelten vertrauter zu machen ist ein sehr spannendes, lohnendes Unterfangen. Es mag aber durchaus anstrengend und sogar leidvoll sein, da man sich selbst gern anders wahrnimmt als diese oft kleinlichen, nörgelnden, kritischen Stimmen, deren man auf diese Weise gewahr wird. Sich ob dieses Einblicks in die eigenen Gedankenwelten zu verurteilen oder zu kritisieren geschieht dann oft fast automatisch, da man es so gewohnt ist, aber es ist natürlich nicht sehr klug und hilfreich. Das, was uns da entgegentritt, einfach nur zu sehen, zur Kenntnis zu nehmen und nicht mit einer weiteren Schicht von Verurteilungen zu überziehen ist ein entscheidender Schritt zur Selbstakzeptanz, bedarf aber meist einiger Übung und Aufmerksamkeit für diesen Prozess. Wir müssen in diesem Prozess lernen, auch die wertenden, verurteilenden, kommentierenden Gedanken als das wahrzunehmen, was sie sind: wertende, verurteilende, kommentierende *Gedanken*. Es sind keine Wahrheiten über uns. Von daher ist es mehr als sinnvoll, sich nicht weiter in sie zu verstricken, sondern sie lediglich zu registrieren und dann loszulassen beziehungsweise die Aufmerksamkeit von ihnen abzuziehen. Das, was hier so einfach klingt, ist es letztlich auch, aber es ist, so erlebe ich es zumindest, nicht immer leicht und nie abgeschlossen, sondern wohl ein lebenslanger Prozess.

Wenn wir unseren inneren Stimmen einmal lauschen und unsere Gedanken näher in Augenschein nehmen, dann können wir noch Weiteres erkennen. Zum einen, dass wir nicht »Herr« unserer Gedanken sind, sondern Gedanken auftauchen, da sind und wieder vergehen, ohne dass wir das sonderlich beeinflussen könnten. Natürlich vermögen wir auch zielgerichtet zu denken, aber das geistige Geplapper und unsere Gedankenkarusselle laufen einfach permanent in unserem Kopf ab. Würden wir sie kontrollieren können, brächten wir sie sicher öfter zum Schweigen. So können wir letztlich nur zur Kenntnis nehmen, dass die Formulierung »ich denke« eine sehr ungenaue ist, die auf eine falsche Fährte lockt. Eigentlich müssten wir sagen, »es denkt«, wobei noch die Frage wäre, wer oder was dieses »es« ist, das denkt, oder ob diesem »es« wie bei der Aussage »es regnet« gar kein Subjekt entspricht, das etwas tut, so dass »Denken findet statt« die korrekteste Aussage wäre. In der buddhistischen Tradition werden Gedanken oft mit Wolken verglichen, die am Himmel dahinziehen. Mal sind sie schwere, dunkle Regenwolken, mal graue Wolkendecken, mal weiße Schäfchenwolken. Der Raum, in dem sie sich bewegen, ist der grenzenlose, klare Himmel, und auch wenn sie die Sonne zeitweilig verbergen, ist diese doch immer da. Wenn wir die Gedanken eine Weile beobachten und sie etwas zur Ruhe kommen, dann reißen sie als undurchdringliche Wolkendecken manchmal auf, und der sie umgebende Raum wird erfahrbar – reines Gewahrsein genannt, aus dem heraus die Gedanken entstehen, in dem sie verweilen und vergehen. Dieser Raum, dieses Gewahrsein, aber ist immer da, stets gegenwärtig.

Betrachten wir, wie im vorangegangenen Teil beschrieben, unsere Wahrnehmungsprozesse, können wir die Lücken zwischen Wahrnehmen, Benennen und Urteilen einmal ganz bewusst spüren und sehen, dass das Werten und Kommentieren kein inhärenter Teil der reinen Wahrnehmung selbst, sondern ein Zusatz ist. Wir erkennen aber auch, dass die Eigenschaften, die wir den Objekten in unseren Urteilen zuschreiben, keine sind, die den Objekten selbst innewohnen. Diese Eigenschaften entstehen im Zusammenspiel zwischen dem Objekt, unserer Wahrnehmung und unseren Konditionierungen. Es gibt in der Wirklichkeit kein Kleid, keine Frisur, keinen Menschen, dem die Eigenschaft hässlich zu eigen, kein Kind, das aus sich heraus niedlich oder hübsch, keine Begegnung, die misslungen, keinen Menschen, der schwierig, dumm oder langweilig, kein »ich«, das ein Versager wäre. Dies sind alles Zuschreibungen, Etiketten, die wir an die Objekte heften und dann meinen, sie wären deren Kennzeichen. Wir schreiben ihnen eine reale, den Objekten innewohnende Existenz zu und glauben, durch diese Etikettierungen etwas über das Objekt selbst zu wissen. Indem wir das Objekt und dessen Eigenschaften auf diese Weise konstruiert haben, schauen wir beim nächsten oder übernächsten Mal gar nicht mehr genau hin, sondern bewegen uns nur noch auf der Ebene unserer Konzepte. Wir lassen uns gar nicht mehr auf tatsächliche Erfahrungen mit dem Objekt ein beziehungsweise nehmen es mit frischem Blick erneut wahr. Wir kennen es ja. Jemand wirkt auf uns unsympathisch, dem gehen wir am besten aus dem Weg. Die Rednerin ist uninteressant, da hören wir erst gar nicht richtig hin. Das Bild ist langweilig, da lohnt kein zweiter Blick. Eine solche Ökonomisierung der Wahrnehmung ist zwar »effizient« und im Alltag sicher vielfach unabdingbar, aber sie bedeutet letztlich eine Verarmung beziehungsweise Verengung unserer Welt. Ist uns das bewusst, ist es uns auch möglich, öfter mal ein zweites Mal hinzuschauen oder hinzuhören und das Objekt mit offener Aufmerksamkeit neu zu erkunden, es wirklich zu erfahren und nicht nur als Konzept zu erfassen.

Es ist oft gar nicht so leicht zu unterscheiden, ob wir uns in der Welt tatsächlicher Erfahrungen oder nur konzeptueller Erfahrungen bewegen, denn wir können alles zum Konzept machen und dann darüber reden, als wäre das etwas Erfahrenes. Ich war einmal mit einer Gruppe in der Wüste Sinai unterwegs. Alle hatten zu Beginn der Reise ihr großes Bedürfnis nach Stille geäußert, *de facto* wurde vom Frühstück bis zum Schlafengehen fast pausenlos geredet, ob wir durch die Wüste liefen, auf Kamelen ritten oder einen Berg erstiegen. Als wir einmal auf einem Berggipfel standen, der uns einen wunderbar weiten Blick ermöglichte, war die Unterhaltung eines Teils der Gruppe gerade bei den Vorzügen von Holzspielzeug aus dem Erzgebirge angelangt. Oft hielt ich mich fern, um dem Gerede zu entgehen, aber nicht nur, dass die Wüste sehr hellhörig ist, war ich dann auch mit meinen eigenen mindestens ebenso lauten Kommentaren und Urteilen über die anderen beschäftigt, die es mir ja anscheinend unmöglich machten, Stille zu erleben. Bei den Gruppengesprächen ging es aber sehr oft auch um die Stille und wie unendlich wohltuend sie sei und wie gut es sei, sie hier in der Wüste so unverstellt erleben zu können, und wie selten man sie in Deutschland doch erfahren könne ... Und je mehr darüber geredet wurde, desto fester glaubten sicherlich einige von uns, sie tatsächlich zu erleben. Diese Erfahrung habe ich auch in spirituellen Kreisen oft machen können, dass wir uns gern auf der Ebene von Konzepten und bloßen Begriffen bewegen und doch meinen, über unmittelbare und sehr tiefgreifende Erfahrung zu sprechen.

Eine Therapeutin, die viel mit Paaren arbeitet, sagte in einem Gespräch zu diesem Thema, dass Frauen zwar oft viel besser als Männer über ihre Gefühle sprechen könnten, dies aber meist nur bedeute, dass sie differenziert über Gefühle auf der konzeptuellen Ebene sprechen könnten und nicht unbedingt einen besseren Zugang zu der Erfahrungsdimension der Gefühle hätten, auch wenn es zunächst so scheinen mag. Oft meinen wir auch, über tatsächliche Gefühle und Empfindungen zu sprechen, während wir letztlich nur interpretieren. (»Ich fühle mich als Versager.«)

Gedanken sind auch Auslöser oder intime Begleiter von Gefühlen und Empfindungen. Nahezu allen Gefühlsempfindungen gehen auslösende Gedanken voraus oder begleiten sie unmittelbar. Ich kann keinen Neid empfinden ohne Gedanken an jemanden, der das hat, was ich auch gern hätte. Ich kann keine Eifersucht empfinden ohne Gedanken an die Person, für die ich nicht mehr so wichtig bin und die jemand anderen vorzieht. Keine Wut ohne Gedanken an jemanden, der sie durch irgendetwas »ausgelöst« hat. Keine Freude ohne Gedanken an das, was mich freut.

Wenn wir uns achtsam mit unseren Gefühlen beschäftigen wollen, haben wir es immer mit einem Gedanken-Gefühls-Komplex zu tun, wobei Gedanken Gefühle auslösen und dann auch wieder verstärken können und umgekehrt. Da Gefühle sich immer auch körperlich manifestieren oder ausdrücken, umfassen sie unser ganzes Sein, Körper und Geist, und sind in vielfältiger Weise mit Gedanken und körperlichen Reaktionen verzahnt. Das entspricht auch buddhistischer Vorstellung: »Ungeachtet ihrer umfassenden Terminologie zur Beschreibung eines großen Spektrums innerer Vorgänge und Zustände kennen die traditionellen buddhistischen Sprachen für ›Gefühl‹ als solches kein Wort. Das ist vielleicht darauf zurückzuführen, dass im Buddhismus geistige Aktivitäten aller Art, einschließlich des rationalen Denkens, stets mit einem wie immer gearteten Empfinden, sei es freudvoll, leidvoll oder indifferent, assoziiert werden. Und die meisten emotionalen Zustände, Liebe und Hass zum Beispiel, gehen mit schlussfolgerndem Denken einher. Anstatt zwischen Gedanken und Emotionen zu unterscheiden, bemüht sich der Buddhismus eher um die Klärung der Frage, welche Geistesaktivitäten das Wohlbefinden und Wohlergehen fördern – das eigene und das der anderen – und welche, besonders auf lange Sicht, Schaden anrichten.«[9]

So spricht der Buddhismus, wenn es um Gefühle geht, von Geisteszuständen, im Falle von Gier und Hass sogar von Geistesgiften oder allgemeiner von Geistesplagen, zu der noch eine Reihe weiterer den Geist quälender emotionaler Zustände gehören. Wenn wie im *Satipatthana Sutta,* im *Sutra der Vier Verankerungen der Achtsamkeit,* von Achtsamkeit auf die Gefühle die Rede ist, dann ist damit gemeint, dass man, verspürt man ein angenehmes Gefühl, sich bewusst ist, dass man ein angenehmes Gefühl verspürt, bei dem Gefühl eines leidvollen weiß, dass man ein leidvolles empfindet, und dessen ebenso bei der Empfindung eines neutralen Gefühls gewahr ist.
Mit Gefühl ist hier also nicht so sehr eine Emotion gemeint, sondern eine Art »Eintönung« des Erfahrenen, eine Art unmittelbaren Wissens, ob das gerade Erlebte und Empfundene an-

genehm, unangenehm oder neutral ist. Diese Grobeinteilung zeigt eine Differenzierung, die über all unsere Wahrnehmungen und Empfindungen fast unmittelbar als Raster aufliegt, als eine Art Einfärbung oder Gefühlstönung, wie manche buddhistischen Lehrer sagen.[10] Etwas »Angenehmes« tritt in unser Blickfeld, wir schauen länger hin; wir haben etwas »Unangenehmes« zu erledigen und würden es am liebsten vermeiden; eine Tante erzählt uns von ihrem Kaffekränzchen, es interessiert uns nicht sonderlich. Aber diese Differenzierung ist ein über dem unmittelbaren Erleben liegendes Raster, sie bezeichnet nichts den Objekten, aber auch nicht den unmittelbaren Empfindungen selbst Innewohnendes. Sie ermöglicht aber eine Orientierung auf der Ebene der Sinneserfahrungen; wir »wissen« fast unmittelbar, ob das, was wir sehen, riechen, schmecken, spüren für uns angenehm, unangenehm oder neutral ist. Und sie ermöglicht ein ähnlich unmittelbares Wissen, wenn es um unsere emotionalen Geisteszustände geht; wir »wissen«, dass Wut unangenehm, leidvoll ist und Freude und Glück angenehm und dass uns vieles auch ziemlich egal ist. Betrachten wir den Bereich der Gefühlstönungen mit einem achtsamen Blick, können wir erkennen, dass unser Streben immer darauf gerichtet ist, Angenehmes zu erleben und Unangenehmes zu vermeiden oder schnell wieder loszuwerden. Das kann dazu führen, dass wir ruhelos nach immer neuen, uns angenehm erscheinenden Stimuli suchen, Neutrales uns schnell langweilig erscheint und sich so in Unangenehmes verwandelt und wir Leidvolles am liebsten sofort loswerden oder verdrängen und unterdrücken. Neutrales können wir aber auch, wie Thich Nhat Hanh sagt, leicht in Angenehmes, Freudvolles verwandeln. Wenn wir zum Beispiel wahrnehmen, dass wir gegenwärtig keine Kopfschmerzen haben und uns daran erinnern, wie schmerzhaft es ist, Kopfschmerzen zu haben, dann wird uns der Nicht-Kopfschmerz-Zustand als ein sehr angenehmer und nicht mehr als ein bloß neutraler, nicht beachtenswerter erscheinen.

Besonders der Umgang mit unangenehmen, schwierigen, leidvollen Gefühlen stellt uns vor die Herausforderung, unserem Antrieb, sie unterdrücken, verdrängen und loswerden zu wollen, zu widerstehen, da sie uns sonst aus dem Verborgenen heraus dennoch quälen beziehungsweise unser Denken und Handeln färben. Letzteres mag uns die Motivation geben, diesem Antrieb nicht nachzugeben und diesen Gefühlen ihr Existenzrecht in unserem bewussten Erleben zuzugestehen. Wir erkennen sie an und nehmen sie an, so wie sie sind, so wie sie sich zeigen.

Um Gefühle annehmen zu können, müssen sie erst einmal wahrgenommen werden, und das ist oft gar nicht so einfach. Auf jeden Fall setzt es ein gewisses Maß an Achtsamkeit oder Aufmerksamkeit voraus. Manchmal aber fühlen Menschen sich von starken Emotionen dermaßen überwältigt, dass sie gar keinen inneren Raum mehr dafür haben, ihnen noch mit Achtsamkeit zu begegnen; die Emotionen füllen sie einfach aus, und sie können vielleicht gerade noch den Impuls wahrnehmen, sie loswerden zu wollen. Andere Menschen haben eher große Schwierigkeiten damit, Gefühle überhaupt wahrzunehmen. Wenn man sie fragt, wie es ihnen geht, wissen sie, selbst wenn sie ehrlich und nicht floskelhaft antworten wollen, nicht, was sie sagen sollen. Sie wissen nicht wirklich, wie es ihnen geht, was sie fühlen. Sie finden nur schwer Zugang zu Gefühlen oder empfinden sich von ihnen abgeschnitten, zumindest von bestimmten Gefühlen. Andere sehen sich oft emotionalen Wechselbädern ausgesetzt, fühlen sich von Emotionen zu Handlungen oder Äußerungen getrieben, »ohne zu wissen, wie ihnen geschieht«.

Achtsamkeit zu kultivieren ist eine wichtige Voraussetzung dafür, Gefühle und Empfindungen erst einmal wahrzunehmen und sich von ihnen nicht überwältigen und drangsalieren zu lassen. Greifen wir noch einmal die Metaphern von Spiegel, Licht und Mikroskoplinse für die verschiedenen Aspekte der Achtsamkeit auf: Achtsamkeit spiegelt das Gefühl, so wie es ist; der Lichtstrahl der Achtsamkeit beleuchtet das Gefühl im Geist-Körper näher, die Mikroskoplinse zeigt es uns in größerer Feinheit und mehr Detailreichtum, aber auch in einem gewissen Abstand.

Da Gefühle einen mentalen, psychischen und physischen Aspekt haben, sind sie in jedem dieser Aspekte wahrnehmbar, also auf der geistigen, seelischen und körperlichen Ebene und in ihrer »Gesamterscheinung«. Und die Wahrnehmung sowie die Einwirkung auf einer Ebene hat Auswirkungen auch auf die anderen Ebenen.

Als ich Mitte der 80er Jahre in Sri Lanka meinen ersten Meditationskurs machte, hatte ich bereits jahrelang unter Angstzuständen und Panikattacken und großer Flugangst gelitten und weder Verhaltens- noch Gestalttherapie, noch katathymes Bilderleben und Ähnliches hatten daran etwas ändern können. Bhikkhu Dhammika, der den Kurs leitende Mönch, sprach in seinen Vorträgen oft von der buddhistischen Vorstellung von *anatta*, Nicht-Ich, Nicht-Selbst, der Vorstellung, dass es das von mir so hochgeschätzte Ich in der von mir gedachten Weise so gar nicht gibt. Diese Vorstellung faszinierte und beschäftigte mich sehr, und ich hatte das Gefühl, dass dadurch eine große Last von mir abfiel. Auf dem Rückflug im Flugzeug sitzend betrachtete ich die Leute um mich herum und spürte eine zuvor nie gekannte Verbundenheit zu diesen mir vollkommen unbekannten Menschen, weil ich dachte/fühlte, dass es zwischen ihnen und mir letztlich keinen Unterschied gibt. Ich habe auf diesem Flug zum ersten Mal keine Angstzustände oder Panikattacken erlebt; der Vortrag des Mönchs hatte eine Ver-rückung und Öffnung meiner gewohnten egozentrischen Perspektive ermöglicht, die sich unmittelbar heilsam auf die körperliche und seelische Ebene auswirkte. Und zum ersten Mal hatte ich das Gefühl, es könne auch noch ein Leben jenseits von Angst- und Panikattacken und entsprechenden Einschränkungen und Vermeidungsstrategien geben.

Dass leidvolle Gefühle auch auf jeder dieser drei oben genannten Ebenen geheilt werden können, zeigen die vielen verschiedenen Therapieformen, die sich in unterschiedlichen Akzentuierungen auf diese Bereiche beziehen. Es zeigt sich aber auch in den Erfahrungen von Menschen, die sich mit der spirituellen Praxis der Achtsamkeit inneren Heilungsprozessen widmen.

Thich Nhat Hanh spricht davon, dass Achtsamkeit, aber auch Angst, Wut, Verwirrung, Verzweiflung ebenso wie Liebe, Freude, Mitgefühl und Verstehen als Samen in einem Teil des Geistes, der im Buddhismus Speicherbewusstsein genannt wird, liegen. Durch die Meditationspraxis gelangen Achtsamkeit, Freude, Mitgefühl in unser Geistbewusstsein, sie werden bewusst erfahrbar und durch die Übung ge- und verstärkt.
Eine regelmäßige Meditationspraxis hilft, diese Qualitäten zu entwickeln und im täglichen Leben zu verankern. Dies setzt aber voraus, dass wir Meditation nicht als harte Arbeit, Verpflichtung oder eine regelmäßig zu erbringende Leistung verstehen, sondern als eine freudvolle, entspannende Aktivität. Der indische Weise Meher Baba spricht davon, dass wir Meditation wie ein Picknick oder wie einen Ausflug »in eine unbekannte herrliche Landschaft« sehen sollten, die »ein Gefühl von Begeisterung, Abenteuer, Frieden und Freude mit sich bringt«.[11]

Sind Achtsamkeit, Freude und andere Emotionen in unserem Leben gegenwärtiger geworden, haben wir eine sichere Basis geschaffen, von der aus wir einen für uns besseren Umgang mit schwierigen, leidvollen Gefühlen finden können. Wir alle tragen solche wohl in uns. Die erste Wahrheit, die der Buddha nach seiner Erleuchtung verkündete, war die, dass das Leben leidvoll, somit Leidhaftigkeit ein unabdingbares Merkmal unserer Existenz sei. Für einen guten Freund von mir, der später an Krebs starb, hatte diese Aussage des Buddha, der er in jungen Jahren begegnete, eine sehr befreiende Wirkung, denn sie bestätigte ihm, dass es in Ordnung sei, zu leiden, dass daran nichts Verkehrtes war und dass auch er nicht verkehrt war, weil er oft so unglücklich war. Von dieser Ausgangsbasis des Leidens aus machte er sich daran, die nächsten drei Wahrheiten des Buddha zu erkunden, dass das Leiden Ursachen hat, es einen Weg gibt, das Leiden zu beenden, und dieser Weg acht Aspekte beinhaltet, die das gesamte Leben durchdringen müssen, soll dieser Weg jene befreiende Wirkung haben. Georg hat diese vier Wahrheiten in der Zeit seiner fast dreijährigen Krankheit mit seinem Körper und seinen Geist erforscht und ist dabei zu einem großen Lehrmeister für mich geworden. Er hatte Kieferkrebs und sich nicht zuletzt aufgrund des Drucks der Ärzte zu einer Operation entschieden, bei der ihm der halbe Kiefer entfernt wurde. Als er nach der Operation aufwachte, hatte er bald das Gefühl, einen Fehler gemacht, die falsche Entscheidung getroffen zu haben. Doch er haderte nie damit. Er hatte infolge der Operation unter größten Schmerzen und vielen Einschränkungen zu leiden, und ich hatte oft das Gefühl, immer wenn etwas im medizinischen Bereich so oder so hätte ausgehen können, das Pendel schlug bei ihm stets zu der schwierigeren, der schmerzvollen Seite hin aus. Doch er lebte auch ein Leben der Fülle und der Freude, da er die Wahrheit des Leidens zu integrieren vermochte. Und er blieb für viele seiner Freundinnen und Freunde bis zum Schluss ein wunderbarer Ratgeber; meist tröstete nicht ich ihn, sondern er mich in meinen alltäglichen Kümmernissen, die so klein und unerheblich schienen im Verhältnis zu seinem Leid, die mich aber emotional umtrieben, während er eine immer stärkere geistige Gelassenheit entwickelte.

Steigen für uns schwierige, leidvolle Gefühle aus dem Speicherbewusstsein in unser Geistbewusstsein, dann, so die Empfehlung Thich Nhat Hanhs, sollten wir uns um sie kümmern und Sorge für sie tragen, wie eine Mutter sich um ihr weinendes Kind kümmern würde: Sie nimmt es in den Arm. So umarmen wir die Wut, die Trauer, die Verwirrung, den Neid und so weiter, begleiten sie mit unserem achtsamen Atem, umhüllen sie mit unserer Achtsamkeit, schaffen mit der Achtsamkeit den schützenden Raum, in dem sich das für uns leidvolle Gefühl zeigen kann, in dem es sein kann, ohne Gefahr zu laufen, weggedrängt oder unterdrückt zu werden. Die Energie der Wut wird, wenn wir sie jetzt einmal als Beispiel nehmen, gehalten von der Energie der Achtsamkeit, die sich ebenfalls aus dem Speicherbewusstsein heraus im Geistbewusstsein manifestiert hat. Letztlich ist es die Achtsamkeit, die sich um die Wut kümmert, ihr ermöglicht, sich zu zeigen. Je stärker die Energie der Achtsamkeit ist, umso besser kann sie sich auch um sehr belastende, schwierige Gefühle kümmern.

Bruder Phap An, der Direktor des von Thich Nhat Hanh gegründeten EIAB, berichtete in einem Vortrag davon, dass er starke leidvolle Emotionen mit der Achtsamkeit seines Atmens begleite und dann nicht nur den Gedanken/das Empfinden in sich erwecke, die jeweilige schmerzhafte Emotion zu umarmen und zu halten, sondern er die Arme tatsächlich um sich lege, vor der Brust gekreuzt, das heißt, den Gedanken auch körperlich zum Ausdruck bringe. Dadurch intensiviere sich das Empfinden eines warmen geschützten Raumes für das Gefühl beträchtlich.

Wenn Sie mit dieser Praxis nicht vertraut sind, können Sie sie in der folgenden Übung einmal ausprobieren:

Übung: Setzen Sie sich bequem hin an einen Ort, an dem Sie eine Zeitlang nicht gestört werden. Schließen Sie die Augen, wenn Sie mögen, und richten Sie Ihre Aufmerksamkeit zunächst auf den Atem. Nehmen Sie das Ein- und Ausströmen des Atems wahr, entweder an einer Stelle des Körpers, wo Sie es besonders gut spüren können, oder als gesamten Prozess. Bleiben Sie eine Weile bei Ihrem Atem, um Körper und Geist etwas zur Ruhe zu bringen und die Energie der Achtsamkeit zu stärken. Laden Sie dann nach einer Weile ein Gefühl ein, sich zu zeigen. Vielleicht eines, mit dem Sie häufiger zu tun haben, zum Beispiel Ärger. Stellen Sie sich eine Situation vor, in der Sie diesen Ärger vielleicht gespürt haben. Nehmen Sie Ihren Atem wahr und gleichzeitig das Gefühl des Ärgers. Nehmen Sie das Gefühl in den Raum Ihrer Achtsamkeit. Lassen Sie es sich zeigen, so wie es ist. Sie wollen es nicht manipulieren oder weghaben, sondern erkennen seine Existenz in Ihnen an, nehmen das Gefühl an, halten es, wie eine Mutter ihr Kind hält. Vielleicht mögen Sie dies auch für sich in Worte kleiden. Vielleicht mögen Sie ja auch die Arme um sich legen und sich so tatsächlich im Arm halten. Bleiben Sie aber auch bei Ihrem Atem als Stütze für Ihre Achtsamkeit. Nehmen Sie das Gefühl wahr und spüren Sie, wie es sich mit der Zeit verändert, seine Schärfe verliert und vielleicht nach einer Zeit auflöst und einem anderen Gefühl Platz macht, möglicherweise einem Gefühl der Traurigkeit.

Was auch immer geschieht, es ist wichtig, die Energie der Achtsamkeit zu bewahren, die sich um das jeweilige Gefühl kümmert, es hält, da sonst zumindest bei starken Emotionen die Gefahr droht, dass Sie sich von ihnen überwältigen lassen und sich in ihnen verlieren.

Bleiben Sie am Ende, wenn Sie das Gefühl haben, für sich etwas für diesen Moment abgeschlossen zu haben, noch eine Weile bei der Achtsamkeit für Ihren ein- und ausströmenden Atem.

Wir nehmen das jeweilige Gefühl an, und wir nehmen uns als dieses Gefühl in diesem Moment an. In diesem Augenblick sind wir die Wut, sind wir die Trauer, sind wir die Verwirrung – und der Beobachter, die Zeugin in uns, die Energie der Achtsamkeit nimmt dies wahr und kümmert sich liebevoll und wohlwollend darum.

Auf diese Weise ziehen wir das Gefühl auch von der auslösenden Situation oder Person ab. Wir sind es gewohnt, äußere Situationen oder das Verhalten anderer als Ursachen der Wut anzusehen und mit unserer Aufmerksamkeit in der Situation oder bei dem betreffenden Menschen zu bleiben und die Emotion oft noch durch endlose Gedankenketten und Geschichten zu verstärken. Diesen Drang empfinde ich oft so, als hätte ich mich wie ein Krake mit seinen Tentakeln fest an die entsprechende Situation oder den Menschen geheftet, und es bedarf einer gewissen Anstrengung, die Tentakel zu lösen, die Aufmerksamkeit von außen abzuziehen und nach innen auf die Empfindung selbst zu richten. Dabei klingt es so logisch. Wenn unser Haus brennt, ist es am wichtigsten, zum Haus zurückzukehren und zu versuchen, es zu löschen, statt der Person zu folgen, die wir für die Brandstifterin halten. Aber unsere Gewohnheitsenergien, sie zu verfolgen, sind erfahrungsgemäß stark.

Doch wenn wir die Wut wieder zu uns zurücknehmen, können wir erkennen, dass die Situation oder die andere Person nicht die Ursache der Wut, sondern höchstens der Auslöser dafür war, dass sich die Samen der Wut aus dem Speicherbewusstsein heraus im Geistbewusstsein manifestieren. Es mag zunächst unserem gewohnten Denken widersprechen, aber selbst wenn uns jemand beleidigt, kränkt, herabwürdigt, ist er oder ist dies nicht die Ursache unserer dadurch ausgelösten Gefühle. Ursache der Wut sind stets die Samen der Wut selbst, die wohl bei allen Menschen, allerdings in unterschiedlicher Stärke vorhanden sind. Wenn wir das verstehen, verstehen wir auch, wo der Ort ist, sich um diese Gefühle zu kümmern. Wir versuchen, unser brennendes Haus zu löschen, statt dem Brandstifter wütend und schimpfend hinterherzulaufen, um ihn zu bestrafen. Selbst wenn wir ihn erwischen und fertigmachen können, stoppt das nicht das Feuer in unserem Haus. Wir erkennen mehr und mehr, dass wir für unsere Gefühle verantwortlich sind und es in unserer Hand liegt, wie wir damit umgehen: Ob wir den anderen, den wir als Urheber unserer Wut sehen, innerlich mit unserer Wut verfolgen, Rachepläne schmieden und gar nicht von ihm loskommen oder ob wir uns um uns und unser Gefühl kümmern, damit es uns bessergeht! Gelingt es uns, eine solche Sichtweise mehr und mehr in uns zu verankern, dann fühlen wir uns viel weniger als Opfer der bösen Machenschaften anderer und reichern unsere schwierigen Gefühle nicht noch weiter durch Emotionen der Hilflosigkeit und Ohnmacht an.

Wenn sich Gefühle wie Wut, Ärger, Verzweiflung oder Trauer in unserem Bewusstsein zeigen und wir sie mit der Energie der Achtsamkeit halten, annehmen und umarmen können, werden diese Samen dadurch etwas schwächer, befriedeter und nach einer Weile wieder ins Speicherbewusstsein zurückkehren. Das aufgewühlte Gefühl kommt langsam zur Ruhe, wandelt sich, löst sich auf. Diesen Prozess werden wir unter Umständen immer und immer wieder durchlaufen müssen, vielleicht sogar ein Leben lang, und jedes Mal werden die Samen etwas schwächer. Sie werden aber auch schwächer, so Thich Nhat Hanh, wenn wir uns verstärkt darum bemühen, die »positiven« Samen der Achtsamkeit, Freude, des Friedens und Mitgefühls zu »wässern« und damit zu stärken. Sie werden sich dann so ausbreiten, dass den »negativen Samen« der Nährboden zunehmend entzogen wird. Wir können also von zwei Seiten vorgehen, um etwas für unser Wohlergehen zu tun.

Bei der achtsamen Betrachtung dieser Prozesse werden wir auch erkennen, dass einige dieser Samen nicht so sehr unsere eigenen sind, als dass sie uns von den Eltern, den Großeltern, der Gesellschaft »übertragen« wurden.
Eine Lehrerin berichtete einmal in einer Gesprächsrunde, dass sie sehr viel weine und dies manchmal sehr schwierig für sie sei, weil sie es kaum kontrollieren könne und bei vielen Gelegenheiten einfach in Tränen ausbreche. Als ihr Vater im Krankenhaus lag, war es ein schwieriger Balanceakt für sie, ihn zu besuchen, da sie schon beim Betreten des Krankenhauses zu weinen begann. Besonders häufig weinte sie, wenn ihre Mutter von den harten Zeiten im Krieg und in der Nachkriegszeit erzählte und von ihrer Mutter, die bald nach dem Krieg dement wurde. In ihrer Familie wurde ansonsten nicht viel geweint, und Gefühle wurden eher hinter einer gewissen Ruppigkeit im Umgang miteinander verborgen. Anna haderte sehr mit ihrem ausgeprägten Drang, in Tränen auszubrechen, weil sie sich ihm oft so hilflos ausgesetzt fühlte, bis sie eines Tages erkannte, dass es gar nicht so sehr ihre Tränen waren, die sie weinte, sondern sie weinte stellvertretend die Tränen ihrer Familie, vor allem die ihrer Mutter. Diese Erkenntnis half ihr, mit dieser Gewohnheitsenergie, die dadurch nicht schwächer wurde, einen gewissen Frieden zu schließen.

Das Thema der »Übertragung« von Samen schwieriger Emotionen ist auch ein weites Feld im Hinblick auf die Kinder, Enkel- und Urenkel jener Generation, die im Zweiten Weltkrieg als Täter, Mitläufer und Opfer vieles erlebt, in sich verschlossen und durch andere Kanäle weitergegeben hat.

Die »negativen« Gefühle durch Annahme in ihrer Energie schwächen und die »positiven« bewusst verstärken ermöglicht tiefgreifende Heilungsprozesse. Tiefgreifend sind sie insofern zu nennen, als sie bis in das Speicherbewusstsein selbst hineinwirken, es sind Veränderungen »von Grund auf«, »transformation at the base«, wie der englische Titel eines Buches von Thich Nhat Hanh zur buddhistischen Psychologie heißt.[12] Die Erfahrungen von Menschen, die diesen Weg des achtsamen Umgangs mit schwierigen, leidvollen Gefühlen gehen, zeigen eindrücklich, dass auf diese Weise eine Heilung auch schmerzvoller Geisteszustände möglich ist (manchmal auch psychotherapeutisch begleitet).[13]

Erwähnt wurde bereits, wie eng verzahnt bei Gefühlen oder emotionalen Geisteszuständen die körperlichen, seelischen und mentalen Dimensionen sind. Sind uns Gefühle nicht gut zugänglich, fühlen wir uns von Gefühlen abgeschnitten, heißt das nicht, dass wir empfindungsarm wären, sondern dass wir sie nicht oder kaum in unserem Bewusstsein erleben. Das mag gute Gründe haben, die in der Biografie des Einzelnen verborgen liegen mögen, und von daher erfordert dieses Feld einen sehr vorsichtigen, sorgsamen Umgang. Es kann aber auch sein, dass wir es nie gelernt haben, unseren Gefühlen mit Aufmerksamkeit zu begegnen, uns ihrer bewusst zu werden. In dem Fall kann es hilfreich sein, sich mit der Aufmerksamkeit zunächst auf den Körper auszurichten und dort auf Spurensuche zu gehen. Jedes Gefühl hinterlässt einen unverwechselbaren Fingerabdruck im Körper (wie Druck im Magen, Zittern in den Knien, ein Kloß im Hals, Herzklopfen). Können wir den durch Hineinspüren zu einer bewussten Erfahrung machen, wird es uns auch gelingen, darüber unserer damit verbundenen Gefühle gewahr zu werden und für sie mit der Zeit auch einen sprachlichen Ausdruck zu finden. Manchmal sind wir dann, wenn wir allmählich zu einer differenzierteren Gefühlswahrnehmung gelangen, ganz erschrocken über das, was sich in uns zeigen mag, über unsere Kleinlichkeiten, unsere Eifersucht, Schadenfreude, Unsicherheiten und unterwürfigen Impulse bei Autoritäten und herrschsüchtigen bei uns »untergebenen« oder unterlegenen Menschen. Der erste Impuls wird sein, das alles nicht haben zu wollen, so nicht sein zu wollen. Doch auch da gilt es auszuhalten in dem, was auf einmal deutlich wird, und nicht sofort alles wieder unter den Teppich kehren zu wollen. Es sind Gefühle, die in uns aufkommen, eine Zeitlang bleiben und dann wieder vergehen. Weil wir jetzt sensibler geworden sind, merken wir sie. Es sind keine starren Eigenschaften, die uns definieren und festlegen (»Was bin ich doch für ein intriganter, feiger, ängstlicher, kleinlicher ... Mensch«). Das sind *Gedanken*, nichts weiter. Das sind nicht wir. Und Gedanken können wir auch wieder loslassen oder beobachten, wie sie vergehen. Was aber sind wir ohne diese Gedanken über uns?

Der Erkundung von Gefühlen und emotionalen Geisteszuständen können wir uns auch dadurch nähern, dass wir die enge Verzahnung von Gedanken und Gefühlen näher in das Licht unserer Betrachtung rücken. In fast allen Fällen werden Gefühle durch Gedanken ausgelöst und wird ihre Intensität von weiteren Gedanken gesteigert. Dieser Prozess ist beobachtbar. Wir können erleben, dass Fantasien über angenehme Situationen, wie den nächsten Urlaub am Meer, einen Partner, der uns liebt, die Erinnerung an das Lob unseres Chefs gestern, der

Kauf einer neuen Handtasche, positive körperlich wahrnehmbare angenehme Empfindungen in uns wachrufen, fast so, als würden diese Dinge gerade jetzt wirklich geschehen. Wir können uns in Tagträumereien versenken, gegenüber denen unser reales Leben fad und langweilig erscheint. Wir können uns aber auch an den unliebsamen Kollegen erinnern, und der Ärger über ihn wird uns wieder gegenwärtig, und auch der den Ärger körperlich ausdrückende Knoten im Bauch wird spürbar. Wir können imaginär emotional aufgeladene Auseinandersetzungen führen; es reicht aber auch, wenn wir beim Anblick eines uns unsympathischen Menschen denken, ach, was will der denn schon wieder hier, um uns in eine bestimmte emotionale Verfassung zu versetzen. In unserem Alltag leben wir vielfach in solchen virtuellen Welten, die auf Körper, Gefühle und Gedanken einwirken. Diese Fantasiewelten erscheinen uns schnell ungemein farbig und erlebnisreich, und sie bringen unseren Körper und Geist viel mehr in Schwung als das, was wir in der realen Welt erleben.

Die Meditationslehrerin Toni Packer ist es nie müde geworden, das Augenmerk der Teilnehmerinnen und Teilnehmer ihrer Kurse auf diese Prozesse zu lenken, darauf, wie wir uns unsere Welt durch unsere Gedanken- und Fantasiegespinste, die entsprechende Gefühls- und Körperreaktionen zur Folge haben, zurechtkonstruieren. Das mag harmlos sein, wenn wir uns an einen menschenleeren Strand mit Palmen und blauem Meer vor uns fantasieren, um uns damit den grauen Alltag zu versüßen, es gewinnt an Relevanz, wenn wir uns wieder und wieder in Rachefantasien über eine Ex-Beziehung ergehen und uns überlegen, was wir davon eventuell in die Tat umsetzen könnten. Oder wenn deutlich wird, wie sehr Entscheidungsträger im politischen oder wirtschaftlichen Bereich von Gier, Dominanzstreben, blindem Narzissmus und Größenwahn angetrieben scheinen und entsprechend handeln.

Wegbereiterin: Toni Packer

Still und aufmerksam hier zu sein, nicht die Flucht zu ergreifen, nicht Widerstand zu leisten, sondern wirklich das Ganze von Anfang bis Ende zu durchschauen, ist in keiner Weise gefährlich. Es ist wahres Sein.
Toni Packer

Ein großes Hotel in Boston. Dort findet 1997 der Kongress »Buddhisme in America« statt, wobei mit »America« eigentlich nur die USA gemeint sind, in der seit den 60er, 70er Jahren des letzten Jahrhunderts ein wachsendes Interesse am Buddhismus – für viele ist es eher eine Lebensphilosophie oder Lebenspraxis als eine Religion – zur Gründung zahlreicher Meditationszentren und buddhistischer Gemeinschaften aus allen Traditionsrichtungen geführt hat. Viele bekannte buddhistische Lehrer und Lehrerinnen sind gekommen, um Vorträge und Workshops abzuhalten. Es herrscht ein recht geschäftiges Treiben, und der Kongress ist auch ein Forum der Selbstdarstellung und Performance, und darin sind die Amerikaner gut, zumindest uns Deutschen weit überlegen. Doch auf diesem Jahrmarkt der Eitelkeiten gibt es auch anderes: In einem Raum sitzen vielleicht zwei- bis dreihundert Menschen in ansteigenden Stuhlreihen im Halbkreis. Vorne sitzt eine grauhaarige Frau, Ende sechzig, Anfang siebzig, in einer grauen Strickjacke ebenfalls auf einem der zum längeren Sitzen sicher recht unbequemen Stühle. Sie hat die Augen geschlossen und spricht mit einer sehr lebendigen, kräftigen nuancenreichen Stimme in einem Englisch, das von der Aussprache her seine deutschen, seine sächsischen Wurzeln nicht verleugnen kann. Es ist Toni Packer. Sie spricht von Gewahrsein, von Achtsamkeit, stets das einbeziehend, was gerade geschieht, sei es ein Stühlerücken, ein Husten, eine Polizeisirene. Toni Packer spricht aus dem Augenblick heraus. Sie spricht nicht *über* Achtsamkeit oder Gewahrsein, sie spricht *aus* Achtsamkeit und Gewahrsein heraus, aus einem Raum, den sie die Teilnehmenden auffordert, gemeinsam mit ihr zu erkunden. Die meisten Fragen, die im Laufe der Veranstaltung gestellt werden, die meisten Kommentare und Anmerkungen haben eine spürbar andere Qualität als die Fragen, die üblicherweise in Veranstaltungen, seien es politische oder spirituelle, gestellt werden. Es sind Fragen und Bemerkungen, die nicht den Intellekt oder ein Geltungsbedürfnis befriedigen sollen, sondern von einem wirklich existenziellen Bedürfnis nach Klarheit künden, die ebenso wie die Antworten nachklingen und zu neuen Fragen und Antworten führen.

Toni Packer wurde 1927 in Berlin geboren, doch schon früh zog die Familie nach Leipzig. Ihre Kindheit war von der Schreckensherrschaft der Nationalsozialisten, von Judenverfolgung, Krieg, Bombenangriffen und Zerstörung geprägt, die sie schon in jungen Jahren mit der drängenden Frage nach dem Sinn des Lebens konfrontierten, eine Frage, auf die ihr die christliche Religion mit ihrem allmächtigen, liebenden Gott, der dennoch all dies Grauen zuließ beziehungsweise nicht verhindern konnte, keine überzeugenden Antworten zu geben vermochte.
Nach dem Krieg lernte sie einen amerikanischen Studenten kennen und zog 1950 mit ihm in die USA. Dort kam sie mit dem Buddhismus in Berührung und wurde schließlich Schülerin des Zen-Meisters Roshi Kapleau, dessen Buch *Die drei Pfeiler des Zen* einen enormen Einfluss auf die Entwicklung und Verbreitung des Zen im Westen hatte. Doch wurde ihr mit den Jahren zunächst deutlich und dann immer mehr zum Problem, dass Zen, obwohl es für sich beansprucht, frei von Symbolen,

Dogmen, Ritualen und Glaubensüberzeugungen zu sein, sehr wohl ein System von Zeremonien, religiösen Überzeugungen, Hierarchien und Verhaltensregeln beinhaltet, das aber nicht hinterfragt wird. Durch ihre Bekanntschaft mit dem indischen Weisheitslehrer Jiddu Krishnamurti und seinen Schriften, der jegliche Bindung an religiöse Traditionen verworfen und die Freiheit von allen Autoritäten als Voraussetzung für ein wirkliches Erforschen der Wahrheit bezeichnet hatte, wurden ihr die »blinden Flecken« traditionsgebundener Wahrheitssuche immer bewusster. Sie verließ schließlich Roshi Kapleau, dessen Nachfolgerin sie hatte werden sollen, die Zen-Tradition überhaupt und gründete das *Springwater Center for Meditative Inquiry*, in dem sie noch heute lebt und lehrt. Dort gibt es keine Rituale und Zeremonien, keine traditionelle Lehrer-Schüler-Beziehung.

Das meditative Erforschen oder Fragen, das dem Zentrum seinen Namen gibt, ist kein Fragen, das nach schnellen Antworten sucht. Gemeint ist vielmehr eines, bei dem die Frage gegenwärtig bleibt, in der Schwebe gehalten wird, und dieser Prozess ist mindestens ebenso wichtig wie eine Antwort, die sich am Ende einstellen mag oder auch nicht. Es bezeichnet einen Zustand des Geistes, der nicht weiß, der offen ist für immer neue Fragen und neues Erkennen und den Kopf von vorgefertigten Ideen über uns und die Welt befreit – einen Zustand des Nichtwissens, von dem auch Zen-Meister wie Seung Sahn oder Glassman Roshi sprechen, von dem aber auch Rilke spricht, wenn er in den *Briefen an einen jungen Dichter* schreibt: »... und ich möchte Sie, so gut ich es kann, bitten, lieber Herr, Geduld zu haben gegen alles Ungelöste in Ihrem Herzen und zu versuchen, die Fragen selbst liebzuhaben wie verschlossene Stuben und wie Bücher, die in einer sehr fremden Sprache geschrieben sind. Forschen Sie jetzt nicht nach den Antworten, die Ihnen nicht gegeben werden können, weil Sie sie nicht leben könnten. Und es handelt sich darum, alles zu leben. Leben Sie jetzt die Fragen. Vielleicht leben Sie dann allmählich, ohne es zu merken, eines fernen Tages in die Antwort hinein.«[14]

Bis vor wenigen Jahren, solange es ihr gesundheitlich noch möglich war, kam Toni Packer zweimal im Jahr nach Roseburg, in der Nähe von Hamburg gelegen, zu Meditationswochen. Vor allem Menschen aus psychotherapeutischen und sozialen Bereichen besuchten ihre Kurse, waren interessiert daran, wie sie diesen Ansatz jenseits von Traditionen und Methoden in ihrer Arbeit umsetzen könnten, wie sie gemeinsam mit ihren Klientinnen und Klienten in offenem Gewahrsein das ausloten könnten, was wirklich trägt, jenseits von vorgefassten Überzeugungen, Annahmen und übernommenen Glaubensvorstellungen.

Der Speiseraum im Haus der Stille in Roseburg ist sonnendurchflutet. Toni Packer sitzt nach dem Mittagessen, wie so oft, in einem Sessel vor der halbgeöffneten Balkontür und blickt hinaus. Aber sie guckt nicht irgendwie gedankenverloren oder absichtsvoll achtsam, sondern scheint mit all ihren Sinnen eingetaucht in die grenzenlose Weite des Jetzt, in der alles unterschiedslos nebeneinander und ineinander verwoben existiert, das Tellerklappern, das Zwitschern des Vogels, der im Busch vor dem Balkon sitzt, die Wärme des Sonnenlichts, der Duft des Kohls vermischt mit dem der Blumen draußen, all das ruhend in tiefer Stille.

Für Toni Packer sind es unsere konditionierten Muster, erworben meist in frühen Jahren durch Eltern, Erziehung, Gesellschaft, die alles von uns Erlebte durchtränken und die, solange sie uns unbewusst bleiben, unser Denken, Handeln und Fühlen bestimmen. Sie prägen unser Erleben und unser Handeln und überziehen die Wirklichkeit mit einem bestimmten Raster, in dem wir uns dann nur noch bewegen. Solange wir das nicht durchschauen, agieren wir vor allem aus unseren Mustern heraus.

Aufgrund unserer Konditionierungen fühlen wir uns verletzt, wenn uns jemand kritisiert, und spüren den starken Drang, ihn mindestens genauso stark zu verletzen, wenn nicht gar zu vernichten. Aufgrund unserer Konditionierungen verteidigen wir unsere Ansichten über Gott und die Welt mit Zähnen und Klauen, wenn sie in Frage gestellt werden, geraten mit anderen in heftigen Streit, wenn sie einfach etwas anderes behaupten, wo wir doch so sicher sind, dass unsere Auffassung zu diesem oder jenem die richtige ist. Aufgrund unserer Konditionierungen wollen wir in Gruppensituationen gesehen werden, eine wichtige Rolle spielen, der Leithammel sein oder die interessante schweigende Eminenz im Hintergrund, auf jeden Fall kein graues Mäuschen, wollen anerkannt werden, und dafür tun wir jede Menge, doch wenn das alles nichts fruchtet, fühlen wir uns schlecht und müssen diese Gruppe Menschen zumindest abwerten. Aufgrund unserer Konditionierungen fühlen wir uns wunderbar, wenn wir gelobt und anerkannt werden, uns von anderen abheben, und sind bereit, doppelt so viel zu arbeiten, nur um wieder so gelobt und anerkannt zu werden. Aufgrund unserer Konditionierungen laufen wir von spirituellem Lehrer zu Lehrer auf der Suche nach jemandem, der uns das glaubhaft als Wahrheit verkündet, was wir ohnehin schon wissen, und wir sehen dann in ihm die Verkörperung dieser Wahrheit, bis wir uns enttäuscht wieder ab- und dem nächsten zuwenden, wenn wir erkennen, dass wir einem Trugbild aufgesessen sind. Aufgrund unserer Konditionierungen fühlen wir uns wichtig und gut, wenn uns in der Rolle als

spiritueller Lehrer alle möglichen Kompetenzen zugeschrieben und wir als Ratgeber und Seelsorger für alle Lebensprobleme gefragt sind. Wir bedienen dann gern mal die Erwartungen der Schüler, sagen ihnen das, was sie hören wollen, statt das, was sie eigentlich hören müssten, wie schon der chinesische Chan-Meister Linji in seinen *Aufzeichnungen* zu beklagen wusste.
Wenn diese Konditionierungen in ihren Antriebsenergien nicht als solche gesehen und in Frage gestellt werden, führen sie ein Eigenleben, werden zu blinden Flecken, mit zum Teil recht fatalen Konsequenzen. So ist die Dynamik auch oder gerade in spirituellen Gruppen oft von argen Rangeleien um Status, Macht und Einfluss geprägt, die aber selten offen ausgetragen werden, da sich solche Kämpfe wenig mit den explizit vertretenen spirituellen Ansprüchen vertragen. Das, was uns im beruflichen Alltag vielleicht antreibt: erfolgreich sein, anerkannt werden, eine wichtige Position einnehmen, treibt uns unter Umständen auch in spirituellen Kontexten um, maskiert sich aber gern, da Ehrgeiz und Machtgelüste gemeinhin nicht als spirituelle Tugenden gelten.
Für Toni Packer ist es von daher entscheidend, zu einer Achtsamkeit, einer tiefgreifenden Offenheit, zu gelangen, in der »sich die starke Macht und die treibende Kraft unseres menschlichen Konditioniertseins offenbart, die uns zeigt, wie wir in Vorstellungen von uns selbst und voneinander gefangen sind, die uns erkennen lässt, wie wir an diesen Vorstellungen hängen, wie sehr wir sie verteidigen – nicht nur individuell, sondern auch kollektiv – und wie diese Verteidigungshaltung die Menschen voneinander isoliert und uns in uns selbst aufspaltet«.[15] Entscheidend ist dabei aber auch »eine Stille und Weite, in der kein Gefühl von Trennung und Begrenzung existiert«.[16] Toni Packer spricht lieber von Gewahrsein als von Achtsamkeit, da Achtsamkeit als ein Ausgerichtetsein auf etwas, ein Aufmerksamsein für etwas, sei es ein Geräusch, ein Gefühl

oder ein Gedanke, zunächst immer noch jemanden voraussetzt, der achtsam ist und sich dessen auch bewusst ist und daraus dann wieder ein Selbstbild zum Beispiel als besonders achtsamer Mensch ableiten kann. In Kreisen, in denen der Achtsamkeit ein sehr hoher Wert beigemessen wird, lässt sich oft eine gewisse Künstlichkeit im Verhalten der Einzelnen beobachten, man spürt deutlich das Bemühen um Achtsamkeit und darum, als achtsame Person gesehen zu werden. Gewahrsein dagegen hat, so Toni Packers Verständnis, diesen ichbezogenen Aspekt nicht. »Es hat kein Ich-Zentrum. Auf unergründliche Weise wirft es Licht auf das Bewusstsein, auf die selbstbezogenen Aktivitäten. Nicht indem es bewertet, verurteilt oder akzeptiert, was auch immer sich enthüllt. Es beleuchtet einfach, macht das durchsichtig, was sich in diesem Moment zeigt. Gewahrsein hat keine innere Trennung, keine äußeren Grenzen. Kein Innen und kein Außen. Es ist wahres Sein, das alles aus der Leerheit des Nicht-Ich schaut. Leerheit ist hier kein Konzept. Sie offenbart sich mühelos, wenn Wollen, Wünschen, Widerstehen, Festhalten außer Kraft sind. Gewahrsein offenbart all diese Bewegungen als konditionierte Reaktionen.«[17]

Als Worte sind »Achtsamkeit« und »Gewahrsein« natürlich jeweils definierte Konzepte mit bestimmten Bedeutungsspielräumen, wobei sich mehr oder minder große Schnittmengen ergeben, das heißt beide Begriffe auch in etlichen Aspekten das Gleiche bezeichnen.

Mit offenem Gewahrsein, nicht ichbezogener Achtsamkeit wahrnehmen bedeutet, die Dinge immer neu, frisch und unvoreingenommen sehen, mit einem Blick, der nicht bereits imprägniert ist durch ein konzeptionelles Vorverständnis über uns und die Dinge. In gewisser Weise bedeutet es, mit dem neugierigen Blick eines Kindes schauen, das noch wirklich etwas sehen und erfahren möchte und nicht schon alles weiß und Neues nur noch ins Altbekannte einordnen will. Offenes Gewahrsein ist eine Achtsamkeit, die noch nichts von angenehm oder unangenehm, heilsam oder unheilsam weiß, sondern die herausfinden will, was die Dinge uns jenseits ihrer Namen und der sie umgebenden Konzepte zu sagen haben. Was die Wörter, die wir so gern im Munde führen, wie innerer Frieden, Stille, Erleuchtung, Präsenz, wirklich bedeuten, oder ob wir vor allem andere damit beeindrucken wollen, indem wir sie benutzen, so tuend, als wären wir Wissende.

Diese Achtsamkeit bedeutet auch, genau hinzuspüren, wenn wir zum Beispiel ein Gefühl der Wut empfinden, was genau es ist, was wir mit diesem Begriff bezeichnen, welche Bewegungen im Körper-Geist stattfinden. Was genau ist es, wenn wir von Neid oder auch Freude sprechen? Welche Gedanken und Gefühle, welche körperlichen Empfindungen sind damit verbunden. Was geschieht mit dem Empfinden, wenn ich ihm den Namen, das Etikett, entziehe, wenn ich es nicht mehr als dieses oder jenes identifiziere, sondern es sich als Geschehen im Raum des Gewahrseins oder der Achtsamkeit einfach entfalten kann? Gibt es dann noch etwas, was ich als angenehm oder unangenehm, heilsam oder unheilsam bezeichnen könnte? Gibt es etwas, was auch nur einen Augenblick gleich bliebe? Ein solcher Blick auf die Dinge enthüllt den prozessualen Charakter allen Geschehens, alles verändert sich fortwährend, ist in einem Fluss, in dem sich die Festigkeit der Dinge und Eigenschaften auflöst – und der Beobachter verschwindet.

Gewahrsein oder Achtsamkeit ist für Toni Packer das A und O, um jenseits religiöser oder spiritueller Traditionen und damit einhergehender Orientierungsmarken das zu finden, was trägt. »Die Wahrheit ist ein pfadloses Land«, ist ein berühmter Ausspruch Jiddu Krishnamurtis. Er sagt auch: »Der Geist muss fähig sein, für sich allein zu stehen, sich selbst ein Licht zu sein. Einem anderen Menschen zu folgen, einer Gruppe anzugehören, von einer Autorität vorgeschriebene Meditationstechniken zu praktizieren ist völlig irrelevant für einen Menschen, der herausfinden will, ob es etwas Ewiges, Zeitloses gibt, etwas, das vom Denken nicht erfasst werden kann, aber dennoch in unserem täglichen Leben wirkt.«[18]

Dieser Ansatz erscheint mir umso wertvoller, als in unserer Gesellschaft traditionelle Religionen und Spiritualität zunehmend auseinanderrücken und damit auch Gewissheiten bröckeln, die sich irgendwelchen Glaubensvorstellungen verdankten. Viele basteln sich heute ihre eigenen Orientierungsrahmen aus Versatzstücken unterschiedlicher religiöser und spiritueller Richtungen zusammen und geraten dabei aber schnell wieder in die Falle neuer Abhängigkeiten. Sich frei von allen vorgefassten Überzeugungen, Glaubenssätzen und neuen Autoritäten daranzumachen, die für einen wichtigen existenziellen Themen in die Tiefe gehend auszuloten, vermag vielleicht die Frage nach dem, was einen wirklich trägt, nachhaltiger zu beantworten als eine Orientierung an den Glaubenskonzepten anderer.

Alles ist mit allem verbunden

Achtsamkeit ist, so viel ist vielleicht bisher deutlich geworden, etwas ganz anderes als ein Achtgeben, Achthaben oder »sich in Acht nehmen«, das dem »pass doch auf« unserer Kindertage manchmal so unangenehm nahe kommt und mit strengen Blicken, Ermahnungen und Anforderungen zum Bravsein verknüpft ist. Assoziationen, die zumindest bei mir dazu geführt haben, dass ich die Worte »Achtsamkeit«, »achtsam sein« lange überhaupt nicht mochte, sie als eine Aufforderung mit erhobenem Zeigefinger verstand, der gegenüber ich automatisch ein Gefühl des Widerstands empfand.

Achtsamkeit ist bewusst gegenwärtig sein; sie lässt uns die Gegenwart, das Hier und Jetzt, berühren und bringt uns in einen lebendigen Kontakt mit der Wirklichkeit. Doch stellt sich die Frage, ob Achtsamkeit per se heilsam und positiv ist oder auch rein instrumentell, als reine Technik verstanden und eingesetzt werden kann, um Menschen leistungsfähiger, impulskontrollierter und funktionsfähiger zu machen, egal woraus das Funktionieren besteht? Zugespitzt gefragt: Ist eine achtsame Gesellschaft als solche schon eine gute, gerechte Gesellschaft, oder sind die jeweiligen Wirkungen der Achtsamkeit an gewisse Voraussetzungen geknüpft? Ähnlich vielleicht, wie bestimmte Drogen, in rituellem Zusammenhang genommen, andere Wirkungen zeigen, als wenn sie außerhalb dieses Zusammenhangs konsumiert werden, sie in ihrer Wirkung also kontextgebunden sind. Anders gefragt: Beinhaltet Achtsamkeit als solche bereits eine gewisse ethische Dimension und Ausrichtung, oder ergibt diese sich aus dem Zusammenhang, in den die Achtsamkeit gestellt ist? Trägt Achtsamkeit als solche zur Verankerung moralischer Werte bei jenseits von Religionen oder spirituellen Traditionen? Kann sie in Zeiten schwindender Bindungen an Religionen und deren ethische Systeme die entstandene Lücke füllen und sowohl Praxis als auch Begründung für ethisches Verhalten sein?

Achtsamkeit als solche bezeichnet zunächst einmal nur die Fähigkeit unseres Geistes, das widerzuspiegeln, was in ihr Blickfeld tritt, was auch immer es sei. Sie lässt uns das bewusst wahrnehmen, was geschieht, und zwar wertfrei und nicht vergleichend. Spielt vor mir ein Kind im Sonnenschein, nimmt die Achtsamkeit das wahr; wird dieses Kind geschlagen, nimmt die Achtsamkeit das genau so wahr, fällt es von der Schaukel, ebenso. Es macht für die Wahrnehmung erst einmal keinen Unterschied. Was lässt uns das in dem einen Fall mit Freude betrachten, veranlasst uns im anderen Fall zum Einschreiten, im dritten zum Trösten? Liegt das schon in der Achtsamkeit selbst begründet? Während des Zweiten Weltkriegs wurden, wie Brian Victoria in seinem Buch *Zen, Nationalismus und Krieg* beschreibt, japanische Kamikazeflieger in Achtsamkeit geschult, um ihre Aufgabe besser, furchtloser zu erledigen. Firmenangehörige werden in Japan gern für eine Zeit in Zen-Klöster geschickt, da sie dort Qualitäten erwerben, die ihre Produktivität und ihr Vermögen, sich reibungslos in die Betriebsabläufe einzuordnen, steigert. Und man kann sich gut vorstellen, dass ein Training in Achtsamkeit Soldaten, Manager, Banker und andere Berufsgruppen, aber auch Einbrecher, Taschendiebe und andere Kriminelle für ihre Aufgaben mit sinnvollem Rüstzeug ausstatten kann. Die Fähigkeit, vollkommen konzentriert bei dem zu sein, was man gerade tut, ist mit

Sicherheit für jede Betätigung förderlich, ganz egal, um was es sich dabei handelt, um das Navigieren eines Flugzeugs, die »Restrukturierung« eines Unternehmens, das heißt die Entlassung vieler Mitarbeiter, die Pflege kranker Menschen, das Putzen von Büroetagen, das Abwerfen von Bomben, das Knacken eines Safes und so weiter. Man könnte einwenden, dass eine stärkere Achtsamkeit auch eine Achtsamkeit für die Gefühle und Gedanken einschließen sollte, die sich zumindest bei dem einen oder der anderen mehr oder weniger deutlich zeigen würden, wenn er oder sie etwas tun müsste, was den eigenen ethischen Überzeugungen zuwiderlaufe. Aber ein Training der Achtsamkeit kann auch beinhalten, diese Gedanken und Impulse einfach nur mit einem sezierenden, neutralen, unbeteiligten Blick achtsam wahrzunehmen und sich nicht damit zu identifizieren. Gedanken werden dann lediglich als Gedanken wahrgenommen, Gefühle als Gefühle, die aufkommen und wieder vergehen. Wahrgenommen wird der Prozess des Entstehens, Existierens und Vergehens, ein Prozess, den wir beobachten können, ohne uns damit im Geringsten zu identifizieren. Doch zumindest müssten in dem Fall auch das Unwohlsein und der Stress wahrgenommen werden, die, wie zahlreiche Untersuchungen belegen, dann auftreten, wenn Menschen etwas tun (müssen), was Ihnen widerstrebt oder was sie als falsch ansehen; ein Stress, der aber keineswegs dazu führen muss, dass man das Befohlene nicht tut.

Ich kann mich noch genau an meine sehr starken unangenehmen, sich auch körperlich massiv ausdrückenden Gefühle erinnern, als ich in der 12. Klasse während des Sozialkundeunterrichts an einem psychologischen Experiment teilnahm, bei dem es scheinbar darum ging, die Länge von Strichen richtig einzuschätzen. Es wurden jeweils drei Striche gezeigt, und man musste angeben, welcher der längste war. Ich saß in der Mitte von zwölf Mitschülerinnen und Mitschülern und hatte bei jedem neuen Bild natürlich sofort eine Einschätzung, welcher der Striche der längste war. Doch alle, die vor mir saßen, waren in den allermeisten Fällen gegenteiliger Ansicht, und zwar einhellig, die hinter mir saßen auch – und ich passte mich fast immer an und folgte ihrer Einschätzung und fühlte mich hundeelend dabei. Der Schweiß brach mir aus, und ein Knoten im Bauch wurde immer fester und schmerzhafter; ich spürte Angst und große Verwirrung. Und genau darum ging es bei diesem Experiment, denn ich war, wie sich herausstellte, die einzige Versuchsperson. Natürlich fühlte ich mich dann noch schlechter, blamiert nicht zuletzt vor Mitschülern und Lehrern, bei denen ich immer sehr um einen Ruf als unangepasste linke Rebellin bedacht war, die sich keiner Autorität unterwarf; aber schon während des Experiments war mir äußerst unwohl, da ich etwas zustimmte, von dem ich wusste, dass es so nicht stimmen konnte. Meine große Bereitschaft, offenkundig längere Striche als kürzere auszugeben, um nicht mit meiner Ansicht allein gegen die überwältigende Mehrheit zu stehen, berührte kein ethisches Dilemma, aber ich möchte mir noch nicht einmal ausmalen, wie ich bei den berühmten Milgram-Experimenten gehandelt hätte, bei denen es darum ging, andere auf Befehl mit Stromstößen zu traktieren[19] (geschweige denn in Zeiten der Naziherrschaft).

Der Körper, die Psyche senden also in solchen Fällen meist klare Signale, die, insbesondere wenn sie mit Achtsamkeit wahrgenommen und nicht weggedrängt oder überhört werden, Grundlage für ein anderes als das geforderte Verhalten sein können. Aber sie sind es wohl nur dann, wenn wir sie so ernst nehmen, dass sie uns Motivation für ein anderes Verhalten sind und wir ihre Existenz nicht als bloße interessante Phänomene des Geistes beobachten. Sie in dieser Weise ernst nehmen tun wir oft nur dann, wenn wir uns durch Erschöpfungszustände oder andere persönliche Krisen dazu gezwungen sehen oder wenn sie grundlegend unseren Anschauungen und Werten entgegenstehen, diese aber Maßstab unseres Handelns sind.

Achtsamkeit kann sehr wohl rein instrumentell, das heißt als bloße Technik eingesetzt werden, um bestimmte Ziele besser zu erreichen; dann steigert sie vielleicht nur unsere Fähigkeit, auch unter widrigen Bedingungen gut zu funktionieren, dieses oder jenes besser zu beherrschen, mehr zu leisten, alles zu akzeptieren. Ein Spiegel kennt von sich aus keinen Impuls, das Widergespiegelte zu verändern, er spiegelt das, was vor ihm erscheint, er fügt nichts hinzu und lässt nichts weg. Diese Tendenz, Achtsamkeit als reine Technik zu sehen, ist gegenwärtig, da Achtsamkeit mehr und mehr in aller Munde ist, durchaus zu beobachten.

Für Thich Nhat Hanh ist die Achtsamkeit weit mehr als Technik, sie ist ganz klar Voraussetzung und Motor ethischen Verhaltens. Er hat mit den Fünf Achtsamkeitsübungen die traditionellen buddhistischen Richtlinien in eine zeitgemäße Sprache gebracht, die ohne buddhistische Begrifflichkeiten auskommt.[20] Die Übungen versteht er als universelle, nicht an eine spezifische Religion oder Ideologie gebunden und von daher als überaus geeigneten Orientierungsrahmen für die heutige Zeit. Mit der Formulierung »Achtsamkeitsübungen« will er deutlich machen, dass es sich dabei nicht um Gebote handelt, denen wir blind folgen müssten, sondern sie als Orientierungen für die konkrete Umsetzung der Achtsamkeit in unserem ganz alltäglichen Leben gedacht sind.

Die Fünf Achtsamkeitsübungen

Die erste Übung: Achtung des Lebens

Im Bewusstsein des Leidens, das durch die Zerstörung von Leben entsteht, bin ich entschlossen, Mitgefühl zu entwickeln und Wege zu erlernen, das Leben von Menschen, Tieren, Pflanzen und Mineralien zu schützen. Ich bin entschlossen, nicht zu töten, es nicht zuzulassen, dass andere töten, und keine Form des Tötens zu unterstützen, weder in der Welt noch in meinen Gedanken oder in meiner Lebensweise.

Die zweite Übung: Großzügigkeit

Im Bewusstsein des Leidens, das durch Ausbeutung, soziale Ungerechtigkeit, Diebstahl und Unterdrückung entsteht, bin ich entschlossen, liebende Güte zu entwickeln und Wege zu erlernen, für das Wohlergehen der Menschen, Tiere, Pflanzen und Mineralien tätig zu sein. Ich will Großzügigkeit praktizieren, indem ich meine Zeit, Energie und materiellen Mittel mit denen teile, die sie wirklich brauchen. Ich bin entschlossen, nicht zu stehlen und nichts zu besitzen, was anderen zusteht. Ich will das Eigentum anderer achten, aber auch andere davon abhalten, sich an menschlichem Leiden oder dem Leiden anderer Lebensformen auf der Erde zu bereichern.

Die dritte Übung: Sexuelle Verantwortung

Im Bewusstsein des Leidens, das durch sexuelles Fehlverhalten entsteht, bin ich entschlossen, Verantwortungsbewusstsein zu entwickeln und Wege zu erlernen, die Sicherheit und Integrität von Individuen, Paaren, Familien und der Gesellschaft zu schützen. Ich bin entschlossen, keine sexuellen Beziehungen einzugehen ohne Liebe und die Bereitschaft zu einer langfristigen und verantwortlichen Bindung. Um mein eigenes Glück und das der anderen zu bewahren, bin ich entschlossen, meine

Bindungen und die anderer zu respektieren. Ich will alles tun, was in meiner Macht steht, um Kinder vor sexuellem Missbrauch zu schützen und um zu verhindern, dass Paare und Familien durch sexuelles Fehlverhalten auseinanderbrechen.

Die vierte Übung: Aufmerksames Zuhören und
liebevolles Sprechen
Im Bewusstsein des Leidens, das durch unachtsame Rede und aus der Unfähigkeit, anderen zuzuhören, entsteht, bin ich entschlossen, liebevolles Sprechen und Zuhören zu entwickeln, um anderen Freude und Glück zu bereiten und ihre Leiden lindern zu helfen. In dem Wissen, dass Worte sowohl Glück als auch Leiden hervorrufen können, bin ich entschlossen, nichts Unwahres zu sagen und Worte zu gebrauchen, die Selbstvertrauen, Freude und Hoffnung fördern. Ich werde keine Nachrichten verbreiten, ohne ganz sicher zu sein, dass sie der Wahrheit entsprechen, und werde nichts kritisieren oder verurteilen, worüber ich nichts Genaues weiß. Ich will Äußerungen unterlassen, die Uneinigkeit oder Zwietracht verursachen oder die dazu führen können, dass Familien oder Gemeinschaften zerbrechen. Ich bin entschlossen, alle Anstrengungen zur Versöhnung und Lösung aller Konflikte zu unternehmen – so klein sie auch sein mögen.

Die fünfte Übung: Achtsamer Umgang mit Konsumgütern
Im Bewusstsein des Leidens, das durch unachtsamen Umgang mit Konsumgütern entsteht, bin ich entschlossen, auf körperliche und geistige Gesundheit zu achten – bei mir selbst, bei meiner Familie und meiner Gesellschaft – indem ich achtsames Essen, Trinken und Konsumieren praktiziere. Ich will nur das zu mir nehmen, was den Frieden, das Wohlbefinden und die Freude in meinem Körper, meinem Bewusstsein und im kollektiven Körper und Bewusstsein meiner Familie und

Gesellschaft erhält. Ich bin entschlossen, weder Alkohol noch andere Rauschmittel zu mir zu nehmen und keine Nahrungsmittel oder andere Dinge zu konsumieren, die Gifte enthalten, wie zum Beispiel bestimmte Fernsehprogramme, Zeitschriften, Bücher, Filme und Gespräche. Ich bin mir bewusst, dass ich das Vertrauen meiner Vorfahren, meiner Eltern, meiner Gesellschaft und zukünftiger Generationen missbrauche, wenn ich meinen Körper oder mein Bewusstsein derart schädigenden Einflüssen aussetze. Ich werde daran arbeiten, Gewalt, Angst, Ärger und Verwirrung in mir selbst und in der Gesellschaft zu transformieren, indem ich angemessene körperliche und geistige Nahrung zu mir nehme. Ich weiß, dass eine bewusste Lebensweise entscheidend ist für meine eigene Veränderung und für die Veränderung der Gesellschaft.

Mittlerweile gibt es eine Art sechste Achtsamkeitsübung, die von der Ökologischen Initiative des Klosters Deer Park, eines Praxis-Zentrums von Thich Nhat Hanh in Kalifornien, formuliert wurde und die unserer ökologischen Verantwortung Rechnung trägt.

Die sechste Übung: Achtsamer Umgang mit den
materiellen Ressourcen der Erde
Im Bewusstsein des Leidens und der Verschwendung durch die nicht nachhaltige Verwendung der materiellen Ressourcen der Erde sind wir entschlossen, Wege zu finden, um Ressourcen mit Achtsamkeit zu nutzen, sowie mit einer klaren Sicht für die langfristigen Wirkungen ihres Gebrauchs auf künftige Generationen und auf uns. In dem Wissen, dass kollektives Leiden wie globaler Klimawandel, Abholzung der Wälder, Wasserknappheit und Verschmutzung von Luft, Boden und Gewässern aus den täglichen Aktivitäten der Menschen erwächst, verpflichten wir uns, unsere Lebensweise zu trans-

formieren, um Frieden und Harmonie in unseren Familien, unseren lokalen Gemeinschaften und Ökosystemen und der Welt zu bewirken.[21]

Diese Achtsamkeitsübungen können von jedem Menschen zur Grundlage eines ethisch ausgerichteten Lebens gemacht werden, sie setzen keine Verankerung in einer bestimmten religiösen oder spirituellen Tradition, kein Bekenntnis zu spezifischen Glaubensvorstellungen voraus. Achtsamkeit ist hier weit mehr als eine Technik, sie »öffnet uns die Augen«, in dem wir diese auf die Aspekte des Leidens ausrichten, die mit den verschiedenen Dimensionen des Lebens verbunden sind. Und daraus erwächst die Entschlossenheit, moralisch zu denken und zu handeln. Dies bedingt aber das Interesse, den Wunsch, die Motivation, uns mit diesen Leidensaspekten zu beschäftigen und daraus eine Achtsamkeitspraxis zu entwickeln, um dieses Leiden zu überwinden oder gar nicht erst entstehen zu lassen.

Damit Achtsamkeit wirklich der tragfähige Pfeiler eines glücklichen Lebens sein kann, muss sie meines Erachtens mehr sein als eine Technik, und dafür bedarf sie eines tiefen Interesses an allen Aspekten unseres Lebens, an allen Aspekten *des* Lebens. Erst dann vermag sie uns, altbekannte Welten vorbehaltlos neu entdecken zu lassen, und macht uns so mit dem Reichtum der uns durch die Sinne vermittelten Welt vertraut, einem Reichtum, der uns immer zur Verfügung steht und den wir mit zunehmender Vertrautheit stets mehr zu schätzen wissen, allmählich ahnend, wie unerschöpflich er ist. Sie hilft uns auch, uns mehr und mehr im Hier und Jetzt zu verankern. Und sie unterstützt uns dabei, unsere inneren Welten kennenzulernen, zu erforschen, anzuschauen und anzunehmen. In einem solch umfassenden Sinn, bei dem sich die Achtsamkeit unterschiedslos nach innen und nach außen richtet, macht sie uns mit unserer fundamentalen Existenzgrundlage bekannt und vertraut: unserer *Verbundenheit*. Verbundenheit oder wechselseitige Abhängigkeit ist das grundlegende Prinzip unseres Lebens. Schauen wir tief in uns und das, was uns umgibt, hinein, können wir sie unmittelbar erfahren. Wir sind eingebettet in ein unendliches Netz von Beziehungen und Bedingungen beziehungsweise sind Teil dieses Netzes – eine Masche – wie Willigis Jäger oft sagt. Wird an dem einen Ende des Netzes gezogen, verändert das auch etwas an der Masche, die ich »ich« nenne.

Aus dieser Erfahrung der Verbundenheit heraus wird unser achtsamer Blick sanfter, wohlwollender, zugewandter, sowohl der Blick nach innen als auch der nach außen. Wenn ich mir Zeit nehme, etwas wirklich anzuschauen, sei es den Baum vor meinem Fenster, die Frau mit den vielen Einkaufstüten auf der Straße, die Sichel des Mondes am klaren Nachthimmel, den alten Mann, der sich mühsam bückt, um etwas aufzuheben, wenn ich mich von dem, was ich sehe, berühren lasse, ohne es gedanklich sofort einzuordnen, zu sezieren und dadurch, durch diesen Prozess, von mir abzutrennen, dann kann ich nur Verbundenheit, Nicht-Getrenntheit wahrnehmen. In der unmittelbaren Wahrnehmung selbst gibt es keinen Unterschied zwischen mir und anderen, keinen Unterschied zwischen Innen und Außen. »Wo ist der Klang der Glocke?«, lautet eine Frage im Zen. Innen? Außen? Wo?

Wir sehen dann, wie die Tiefenökologin Macy sagt, dass wir »offene, lebende Systeme sind, wie alles Leben auf der Erde, und als solche durchfließen uns Ströme von Materie, Energie und Information, die uns am Leben halten. Das geschieht in einer Welt, die wir alle miteinander teilen ... In diesem ungeheuer dichten Beziehungsgeflecht, das all unsere Lebensaktivitäten ermöglicht, kann ich nirgends klare Trennungen erkennen. Wenn ich jetzt einatme, ist die Luft dann Teil von mir oder von dem Baum dort, dessen Blätter gerade den Sauerstoff, den ich benötige, abgegeben haben, oder gehört sie zu dem Hochdruckgebiet, das uns diesen herrlichen Sonnenschein schenkt?«[22]

Verbundenheit erfahrbar zu machen ist ein sehr entscheidender Aspekt der Achtsamkeit, denn damit wird sie ein Tor zur transzendenten Dimension unseres Lebens. Ich kann erkennen und erfahren, dass ich kein abgeschottetes, abgetrenntes, vereinzeltes Wesen bin, das sich gegen andere abgeschottete, abgetrennte, vereinzelte möglicherweise feindlich gesinnte Wesen fortwährend behaupten muss und eigentlich permanent in Alarm- und Gefechtsbereitschaft steht. Ich kann sehen, dass ich in meiner ganz konkreten Existenz abhängig von und verflochten mit so vielem bin, finde mich eingebettet in dieses lebendige Beziehungsnetz, und das löst gleichzeitig den Impuls in mir aus, diese Verbundenheit auch bewusst zu leben und immer wieder in meinem Alltag zu aktualisieren.
»Die Erfahrung der Transzendenz schenkt uns Einblick in die essentielle Verbundenheit mit allen und allem, und das gibt uns die Kraft und den Mut und die Ausdauer, mit unseren Ansichten, Verhaltensmustern und Emotionen zu arbeiten, schlechte Gewohnheiten abzubauen und viele gute Fähigkeiten zu entfalten – und das zum Wohle aller Wesen.«[23]

Nur wer fest an Wiedergeburt glaubt und daran, sich seine Eltern selbst ausgesucht zu haben, muss nicht schwindelig werden bei der Überlegung, welchem Bedingungsgefüge man das eigene Leben zu verdanken hat. Wäre der Stollen, in dem mein Vater als Kriegsgefangener in Frankreich arbeitete, gänzlich zusammengestürzt und hätte ihn nicht nur halb begraben, wäre meine Mutter in ihrer Wohnung gewesen, als das Haus, in dem sie lebte, in Schutt und Asche gebombt wurde, wären sie sich nicht auf einer Brücke begegnet, zu einer Zeit, als meine Mutter zwar einen anderen Freund hatte, aber bereit, ihn für diesen großen, schlanken, nicht sehr wortgewaltigen Mann aufzugeben – dann wäre ich niemals geboren worden, auch nicht, wenn die Mutter meines Vaters ... oder der Urgroßvater ... Ganz schnell wird deutlich, welch unendlichem Geflecht von Bedingungen und Zufällen wir es verdanken, überhaupt geboren worden zu sein. Und dieses »ich«, das ich kenne, das ich so oft meine, schützen und verteidigen zu müssen, wäre, wenn sich zu einem anderen Zeitpunkt ein Spermium meines Vaters mit einer Eizelle meiner Mutter vereinigt hätte, ein ganz anderes Ich geworden, vielleicht meine Schwester.

Schauen wir uns an, was uns auf unserem Lebensweg geprägt hat, welche Einflüsse auf uns eingewirkt haben – von den Eltern, die uns als Erste einen Zugang zur Welt eröffneten, der Erzieherin im Kindergarten, die unsere bunten Bilder lobte, dem Lehrer, der uns die Liebe zu Gedichten und Literatur vermittelte, der Professorin, die uns von einer wissenschaftlichen Karriere abriet und einen eher praktischen Beruf empfahl, den Büchern, die wir lasen, den Freundinnen, die uns die Liebe zur Natur und zur Kunst nahebrachten, den Partnern, die uns Liebesglück und Liebeskummer erfahren ließen, den Menschen, die uns, wo sie nur konnten, Steine in den Weg gelegt haben, bis hin zu gesellschaftlichen Entwicklungen, die uns mittelbar beeinflussten – auch da können wir das verflochtene Netz unserer Existenz erkennen. Wir können unmöglich sagen: Das kann ich mir selbst auf die Fahnen schreiben, das ist mein Verdienst, dies hingegen ist anderen geschuldet. Unsere Fähigkeiten, Kompetenzen, Errungenschaften verdanken wir in hohem Maße anderen Menschen, die zu bestimmten Zeitpunkten unseren Lebensweg gekreuzt haben und ihrerseits wieder unzähligen Einflüssen unterlagen. Das gilt aber nicht nur für das, was wir geschafft haben, sondern ebenso für unsere Schwächen und vermeintlichen Fehler. »Wenn wir über die Komplexität unserer eigenen Identität nachdenken, hilft uns das, Wertschätzung dafür zu entwickeln, wo wir herkommen, für die Menschen und für die jeweilige Umgebung, die uns dabei halfen, erfolgreich zu sein, und für die Hindernisse, die uns begegneten. Wenn wir uns vollständig als Wesen verstehen, die in gegenseitiger Abhängigkeit leben, ist es auch möglich, die dunklen und beängstigenden Anteile unseres Geistes in das Gesamtbild einzubeziehen und zu benutzen«, schreibt Ethan Nichtern, der Gründer des »Interdependence Project« in New York City, der in seiner Arbeit Prinzipien von buddhistischer Meditation mit den Erkenntnissen universaler Verbundenheit und der kreativen Arbeit in Kunst und Gesellschaft zu verbinden sucht.[24]

Untersuchen wir die Dinge, die uns umgeben, können wir auch da nur ein Netz von Bedingungen erkennen. Durch jede Konsumentscheidung sind wir mit Menschen verbunden, die wir vermutlich nie kennenlernen werden, und beeinflussen, wie geringfügig auch immer, ihr Leben. Der Tee, den ich trinke, kommt aus Japan, er wurde dort von Menschen gepflückt, getrocknet, fermentiert und gelangt schließlich durch die Arbeit vieler in meine Tasse; das Saatgut wurde von Bauern gesät, das Feld bestellt, die Ernte eingefahren, das Korn wurde gemahlen, transportiert, verarbeitet und vieles mehr, damit ich Brot habe. Die Butter, der Käse, das Gemüse, die Früchte, die Jeans, das T-Shirt, der Kühlschrank, die Waschmaschine, alles, was ich zu mir nehme, trage und verwende, verdankt sich dem Zusammenspiel unzähliger Bedingungen, der Arbeit vieler, damit ich es benutzen kann. Alle Dinge sind miteinander verbunden. Dies kann ich unmittelbar erkennen, wenn ich den Inhalt meines Einkaufswagens betrachte.

Was auch immer ich näher anschaue, ob mich selbst oder die mich umgebenden Menschen und Dinge, nichts von dem könnte aus sich selbst heraus existieren, alles ist bedingt von diesem unendlich großen Netz beziehungsweise den Maschen dieses Netzes.

Im Buddhismus wird dies auch Leerheit genannt, alles ist leer von einer aus sich selbst heraus existierenden Eigenexistenz. »Wenn dieses ist, ist jenes. Das Entstehen von diesem führt zum Entstehen von jenem. Wenn dies nicht ist, ist jenes nicht. Das Ende von diesem führt zum Ende von jenem.«

Thich Nhat Hanh wählt oft als Beispiel ein Stück Papier, um das zu illustrieren. Schauen wir, wie er sagt, tief in ein Stück Papier hinein, so können wir den Sonnenschein darin sehen, der notwendig war, damit der Baum wachsen konnte, aber auch die Wolken und den Regen, die dazu ebenfalls unabdingbar waren, und auch den Holzfäller, den Lastwagenfahrer, die Arbeiterinnen in der Papierfabrik, die Verkäuferin im Schreibwarengeschäft; ohne sie wäre dieses eine Stück Papier nicht möglich gewesen. Letztlich besteht das Stück Papier nur aus Nicht-Papier-Elementen wie zum Beispiel dem Sonnenschein, dem Wasser und der Arbeit vieler Menschen. Und das gilt nicht nur für Dinge, sondern auch für uns selbst. Auch das, was wir für unser Ich halten, besteht nur aus Nicht-Ich-Elementen. Wenn wir uns einmal die Vielzahl der Faktoren bewusstmachen, aus denen sich unsere Identität entwickelt hat, dann erkennen wir, dass das, was wir als unser Ich ansehen, ein Konstrukt aus unzähligen miteinander verwobenen Aspekten ist, die sich ihrerseits auch wieder dem Zusammenwirken verschiedenster Elemente verdanken. »Wer bin ich – und wenn ja wie viele?«, lautet der Titel eines Buches von Richard David Precht, das die verschiedenen Facetten unserer Identitätsbildung beleuchtet.

Doch unser Denken und unsere Sprache werden diesem einander bedingenden, miteinander verbundenen und verwobenen Prozess, der uns und unser Welterleben hervorbringt, nicht gerecht, ihr »Weltbild« sind vereinzelte, getrennte Wesen und Dinge, die erst zueinander in Beziehung gesetzt werden müssen. Unsere Sprache zeigt die Dinge als Einzelphänomene und nicht in ihrer Verbundenheit und Bezogenheit. Im Wort »Brot« schwingt nicht mit, was alles dazu beigetragen hat, dass es dieses Brot gibt; im Wort »Ich« nicht, dass es in unserem Gehirn keine Schaltzentrale gibt, die den Überblick hat, in der alle Informationen zusammenlaufen, Sinnessignale interpretiert, Entscheidungen getroffen und die Zukunft geplant wird. In den Worten »Verbrecher«, »Terrorist« schwingt nicht mit, dass ein Verbrecher, ein Terrorist letztlich aus Nicht-Verbrecher-, Nicht-Terrorist-Elementen bestehen.

»Hören wir das Wort ›Terrorist‹ denken viele von uns automatisch an jemanden, der kein Herz hat, der böse ist und jederzeit töten würde. Es ist eine Übereinkunft, dass ein Terrorist ein vollkommen anderer Mensch ist. Er könnte nicht Sie sein. Doch wenn wir uns die Wirklichkeit genau anschauen, können wir erkennen, dass wir diejenigen sind, die den Terror in uns und unserem Umfeld erschaffen. Doch wir unterscheiden zwischen Terroristen und Nicht-Terroristen und meinen, wir selbst gehörten zu den Nicht-Terroristen. Wenn wir die Wahrheit untersuchen, sehen wir, dass es anders ist.«[25]

Ein solches Denken hat, nicht erst seit der »Achse des Bösen«, der eine »Koalition der Gutwilligen« gegenübergestellt wurde, längst seine fatalen Konsequenzen bewiesen, die schlimmste ist die der Entmenschlichung des anderen. Menschen können anscheinend problemlos Menschen töten, wenn sie in ihnen keine Menschen sehen, sondern etwas anderes: Feinde, Tiere oder Untermenschen, wie es in Zeiten des Nationalsozialismus hieß. Wir können morden, wenn wir die fundamentale Verbundenheit und Gleichheit leugnen. Doch die Entmenschlichung eines anderen entmenschlicht auch den, der sie vornimmt. Wie sich dieser Prozess vollzieht, welches Bedingungsgefüge ihn erst ermöglicht und welche Konsequenzen dies für den »Täter« haben kann, beschreibt der heute als buddhistischer Lehrer wirkende Vietnam-Veteran Claude Anshin Thomas in seinem Buch *Krieg beenden – Frieden leben*. Er schildert darin sehr eindrücklich, welche Bedingungen wirksam waren, dass er sich freiwillig für einen Einsatz im Vietnamkrieg meldete, wie er dazu kam, Hunderte von Menschen zu töten, er zurück in den USA beinahe daran zugrunde ging und wie dann die Begegnung mit dem Vietnamesen Thich Nhat Hanh, der in ihm nicht den Feind, sondern den Menschen sah, zu einem Wendepunkt in seinem Leben wurde. Der vormalige Feind erkannte ihn als Menschen an, hob damit die Entmenschlichung auf.

Wir leben heute in einer paradoxen Situation. Die Globalisierung der Wirtschaft und Finanzmärkte, die weltweit zu registrierenden Folgen der Klimaveränderung, die weltumspannenden Kommunikationsnetze haben uns alle einander näher gebracht. Sie sind ein deutlicher Beleg dafür, dass wir alle in einem Geflecht von Bedingungen miteinander verbunden sind und dass das, was an einem Ort geschieht, Auswirkungen auf die anderen Teile der Welt hat. Der Schmetterlingsflügel, der, so ein beliebtes Beispiel der Chaosforschung, einen Wirbelsturm am anderen Ende der Welt auszulösen vermag, hat zahlreiche sinnfällige Entsprechungen in unserer ganz konkreten, »realen« Welt: zum Beispiel den Zusammenbruch von Banken auf die Weltwirtschaft, den Kohlendioxidausstoß auf die Erderwärmung, die Wasserknappheit auf die weltweiten Flüchtlingsströme. Dass alles mit allem zusammenhängt, ist also längst kein philosophisches oder spirituelles Konzept mehr, das nur in tiefer Meditation oder mystischer Erfahrung zugänglich ist, es ist ganz offensichtlich und tagtäglich am eigenen Leib erfahrbar.

Ist also auf der einen Seite unsere globale wechselseitige Abhängigkeit und Verbundenheit viel augenfälliger als jemals zuvor, so waren zumindest in den westlichen Kulturkreisen auch noch nie Gefühle von Getrenntheit, Vereinzelung, Konkurrenz und Einsamkeit bei so vielen Menschen vorherrschend wie heute, mit den schon vielerorts beklagten Konsequenzen zunehmender psychischer Erkrankungen. Und der Export westlicher Lebensstile in andere Kulturkreise scheint den Export dieser psychischen Erkrankungen gleich mit zu beinhalten.

Die globalen Probleme sind unmittelbar Ausdruck dieses Paradoxons: Wir sind als Einzelne, als Nationen, als Staatengemeinschaften zwar unlösbar miteinander verbunden, leugnen dies aber in unserem konkreten Denken und Handeln vielfach. Statt eine nachhaltige Entwicklung zum Wohle aller im Auge zu haben, folgen wir in erster Linie unseren eigenen kurzfristigen Interessen, mit einer »Erst mal um mich/meine Familie/mein Land kümmern«-Haltung und der kindlichen Hoffnung, es möge alles gut werden, wohl wissend, dass dies vermutlich so nicht funktionieren wird.

Im Allgemeinen sehen wir uns als getrennte, vereinzelte Wesen, die zu anderen getrennten, vereinzelten Wesen erst in eine Beziehung treten müssen, um diese Vereinzelung zu überwinden. Wir erfahren uns als Einzelwesen – und die gegenwärtigen gesellschaftlichen Strukturen unterstützen diese Sicht –, die sich mit anderen Einzelwesen auf allen möglichen Ebenen messen und mit ihnen konkurrieren, sei es im Arbeits- oder privaten Bereich, sei es um Geld, Jobs, Anerkennung, Zuneigung, Aufmerksamkeit. Das führt zu einer seltsamen Abgespaltenheit, die unserer faktischen Verbundenheit diametral entgegengesetzt ist und die Ethan Nichtern wie folgt beschreibt:

»Wir reden über die heutige Welt so, als ob wir einen Alptraum verfolgen würden, den jemand anders träumt. Es ist ein spannender Alptraum mit fesselnden Figuren und melodramatischen Szenen, doch wir selbst haben das Gefühl, mit der Handlung überhaupt nichts zu tun zu haben. Häufig gehen wir mit unseren Erfahrungen so um, als ob die WELT Reality-TV wäre; als ob wir die Gesellschaft auf einem hochauflösbaren 50-Zoll-Plasmabildschirm betrachten würden ... Es verschafft uns ein verqueres Vergnügen zu sehen, wie schrecklich alles ist – der Tsunami-Wahnsinn, Wirbelstürme, die von der Erderwärmung verursacht wurden, Genozid, lächerliches Profitstreben und aberwitziger politischer Ehrgeiz. Und in den seltenen Augenblicken, wenn wir uns tatsächlich einmal die Zeit nehmen, uns wirklich anzuschauen, was passiert, und echtes Mitgefühl für die menschlichen Figuren DER WELT empfinden, dann bricht es uns natürlich das Herz.«[26]

Achtsamkeit ist ein sehr wichtiges Instrumentarium dafür, über diese virtuelle Welt hinauszugelangen und uns von der wirklichen berühren zu lassen, uns genau anzuschauen, was in uns und in der uns umgebenden Welt passiert. Doch wir müssen das natürlich auch wollen, müssen uns dafür Zeit nehmen, Interesse dafür aufbringen, müssen innehalten, um aus dem Hamsterrad unserer Getriebenheit auszusteigen und einen klaren, unverzerrten Blick auf uns, unsere Mitmenschen, unsere Mitwelt zu werfen. Dann wird uns unsere wechselseitige Abhängigkeit, unsere Verbundenheit mehr als nur ein einleuchtendes Konzept sein, sondern sie wird etwas sein, das wir unmittelbar erfahren. Und dann können wir die Schönheit und den Reichtum dieser Welt sehen, aber auch die Rufe der Not und des Leidens in ihr vernehmen und darauf zu antworten wissen, wie es buddhistischer Vorstellung nach Bodhisattva Avalokitesvara vermag, der mit tausend Armen und Augen dafür auch bestens ausgestattet ist. Dann erkennen wir, dass auch wir über mehr Arme und Augen verfügen, als wir gemeinhin glauben. Und wir verstehen, was uns die von der globalen Krise ausgesandten »Apostel« zu sagen haben, wie Peter Sloterdijk die immer deutlicher werdenden Zeichen der Krise in seinem Buch *Du mußt dein Leben ändern* nennt, was sie von uns fordern.

»Handle so, daß die Wirkungen deines Handelns verträglich sind mit der Permanenz echten menschlichen Lebens auf Erden«, zitiert er den Philosophen Hans Jonas und fragt nach dem Motiv, mit dem sich die Kluft zwischen diesem »erhabenen Imperativ« und unserem alltäglichen Handeln überbrücken lässt. Die Herausforderung, vor die wir alle gestellt sind, beschreibt er so: »Von mir wird gefordert, mich zu verhalten, als könnte ich auf der Stelle wissen, was ich zu leisten habe, sobald ich mich als Agent im Netzwerk der Netzwerke begreife. Ich soll die Wirkungen meines Handelns in jedem Augenblick auf die Ökologie der Weltgesellschaft hochrechnen ... Ich soll als Weltbürger meinen Mann stehen, selbst wenn ich meine Nachbarn kaum kenne und meine Freunde vernachlässige. Mögen die meisten neuen ›Volksgenossen‹ für mich noch unerreichbar bleiben, weil ›Menschheit‹ weder eine gültige Adresse noch eine bewegungsfähige Größe darstellen: Ich habe dennoch den Auftrag, ihre reale Gegenwart bei jeder eigenen Operation mitzubedenken. Ich soll mich zu einem Fakir der Koexistenz mit allem und allen entwickeln und meinen Fußabdruck in der Umwelt auf die Spur einer Feder reduzieren.«[27]

Zu solchen Fakiren werden wir aber sicherlich nur dann, wenn wir ein nachhaltiges starkes Interesse für uns, unsere Mitmenschen, unsere Mitwelt aufbringen, wenn wir unmittelbar erfahren, dass es nicht nur wichtig ist, sondern uns auch besser geht, wenn wir über unseren Tellerrand hinausschauen. Ein solches Interesse entwickelt und vertieft sich, wenn das Wissen um unsere Verbundenheit unser ganzes Sein durchdringt. Die Achtsamkeit kann uns helfen, immer wieder neu und frisch hinzusehen und dieses Wissen zu aktualisieren. Sie kann uns auch davor bewahren, uns zu überfordern und zu übernehmen und in neue Hamsterräder zu gelangen, kann uns daran gemahnen, erneut innezuhalten und uns an den nährenden Quellen, die uns das Leben zur Verfügung stellt, zu stärken. Verbundenheit zu erfahren und zu leben ist auch das Fundament zweier anderer Pfeiler eines glücklichen Lebens: des Pfeilers der Freude und des Pfeilers der Dankbarkeit. Sie verbinden uns auf ganz besondere Weise mit der Welt und mit uns selbst. Während Dankbarkeit das Erleben der Verbundenheit mit der sogenannten äußeren Welt stärkt, inspiriert Freude die Verbundenheit mit uns selbst, mit unserem tiefsten Wesen.

Freude –
der zweite Pfeiler des Glücks

Das Leben vergeht schnell, und ehe wir uns versehen, werden die Tage zu Monaten und Jahren, und wir empfinden wenig oder gar keine Freude dabei. Nur wenn wir uns der Freude des Lebens öffnen, leben wir wirklich. Alles, was wir brauchen, um unsere volle Lebensreise, unser ganzes Potenzial zu erkennen, steht uns zur Verfügung. Es sind die Werkzeuge, deren sich Mystiker aller Zeiten immer bedient haben.
Bruce Davis

Man könnte meinen, unsere Gesellschaft sei mittlerweile so sehr zu einer Spaßgesellschaft geworden, mit dem Diktat, alles, was man tue, erhalte seinen Wert und seine Legitimation erst durch den damit verbundenen Spaß, dass Freude, die man vielleicht als die große Schwester des Spaßes sehen könnte, zumindest als Anforderung an das eigene Erleben so allgegenwärtig geworden ist, dass es unsinnig scheinen mag, ihr noch mehr Raum einräumen zu wollen.
Doch sind dieser Spaß, diese Freude stets an äußere Auslöser gekoppelt, abhängig von neuen Stimuli oder Kicks, welche die angenehmen Gefühle in Gang setzen sollen, schnell angetrieben von der Gier nach immer neuen und stärkeren angenehmen Gefühlen. Damit sind sie letztlich Garanten für eine Getriebenheit, bei der die angenehmen Gefühle immer rascher

vertrieben werden, weil ständig nach neuen Ausschau gehalten wird. Inmitten all dieses Spaßes kann unser Leben recht freudlos sein.

Freude kann aber nur dann ein tragfähiger Pfeiler des Glücks sein, wenn sie sich nicht in diesem »hedonistischen Hamsterrad« verheddert, sondern wenn sie den Ausstieg aus der Getriebenheit ermöglicht. Möglich ist dies, wenn wir uns selbst, unsere Fähigkeit zur Freude als Ursache der Freude erfahren und uns die Freude mehr und mehr Orientierung für das wird, was uns im Leben nährt und was uns trägt. Dahin kann sie uns führen, wenn wir sie als einen *Übungsweg* betrachten.

Das Gefühl der Freude spielt auch bei der Achtsamkeit eine wichtige Rolle, ja, ist ein unabdingbarer Aspekt dieses Weges. Der Pfeiler der Achtsamkeit erhält seine Stabilität nicht zuletzt durch die Freude. Üben wir uns in Achtsamkeit, verankern wir uns mehr und mehr in der Gegenwart, sind uns bewusst, was wir tun, dann erwächst daraus meist ein Gefühl der Freude. Und dieses Gefühl kann ein wichtiger Motor sein, immer wieder innezuhalten und achtsam zu sein. Freude kann in unserem alltäglichen Leben zu einer treuen Begleiterin der Achtsamkeit werden. In einigen spirituellen Traditionen wird achtsames Tun als freudvolles oder freudiges Tun bezeichnet; und jeder, der zumindest bei bestimmten Tätigkeiten »mit Freude bei der Sache ist«, weiß, wie angenehm und vitalisierend die Dimension der Freude dabei ist.

Auch bei der im ersten Teil beschriebenen Umwandlung neutraler Gefühle in positive ist die Freude von Bedeutung. Wir verwandeln das neutrale Gefühl, gegenwärtig keine Schmerzen zu haben, in ein freudiges, wenn wir uns bewusst werden, wie leidvoll Schmerzen im Allgemeinen sind. Die Bewusstmachung, gegenwärtig frei von negativen, leidvollen Geisteszuständen zu sein, ist ein wirkungsvolles Mittel, mehr Freude in das Leben zu bringen.

Bei der im dritten Teil dieses Buches beschriebenen Dankbarkeit ist die Dimension der Freude noch offenkundiger, denn Dankbarkeit ist ein genuin freudvolles Gefühl, ein Gefühl, das verbindet, mit dem wir uns virtuell oder tatsächlich in Beziehung zu anderen setzen. Dankbarkeit ist ohne Freude gar nicht denkbar, denn ihr liegt die Freude wesenhaft zugrunde. Ist unser Weg auf Dankbarkeit ausgerichtet, stärkt auch das unser Potenzial der Freude.

Viele Aspekte der Freude werden von daher in diesen beiden Teilen angesprochen. Hier geht es darum, die Freude als einen Pfeiler des Glücks, der für sich allein stehen kann, zu betrachten, wenn er auch erst gemeinsam mit den beiden anderen die überaus tragfähige Basis für ein glückliches Leben bildet und die Materialien seines Fundaments auch aus Achtsamkeit und Dankbarkeit bestehen. Aber das gilt ebenso für die anderen beiden Pfeiler und deren Fundamente.

Freude schöner Götterfunken

Freude als Weg zu verstehen bedeutet, sich in seinem alltäglichen Leben auf die Freude hin auszurichten, sich von ihr leiten zu lassen, sie als Orientierung zu nehmen. »Die Freude ist das A und O des glückselig gestalteten Lebens. Sie kennen wir als unser erstes angeborenes Gut, von ihr lassen wir uns bei unserem Streben und Meiden leiten, und nach ihr richten wir uns, alles andere Gut mit ihrem Maßstabe messend«, sagte Epikur vor mehr als 2400 Jahren, als er seine Philosophie der Freude begründete.[28]

Damit meinte er nicht, von einer flüchtigen Freude zur nächsten zu taumeln, sich auf der Jagd nach guten Gefühlen abzustrampeln und zu erschöpfen und damit zunehmend die Freude aus dem Leben zu vertreiben. »Für uns bedeutet also jede Freude, weil sie an sich etwas Annehmliches ist, zwar gewiss ein Gut, aber nicht jede ist erstrebenswert ... Keine Freude ist an sich ein Übel, doch das, was diese oder jene Freude erst erzeugt, kann sie auf mancherlei Art trüben ... Unsere Aufgabe ist es, durch Abwägen und Unterscheiden des Zuträglichen und Abträglichen immer alles richtig zu bewerten, denn manchmal bedienen wir uns des Guten gleich wie eines Übels und umgekehrt.«[29] Seine Philosophie oder Lebenskunst zielt auf einen ruhigen, unaufgeregten Geisteszustand, der seinen Frieden in der ungetrübten Freude am Dasein selbst gefunden hat. Diese Freude ist weit mehr als ein gutes Gefühl, sie ist ein Seinszustand.

Das Gefühl der Freude, der schöne Götterfunken Friedrich Schillers, wird von der Psychoanalytikerin Verena Kast zu den gehobenen Emotionen gezählt. Ähnlich wie die Hoffnung und die Inspiration ist die Freude eine das Herz weitende Emotion, sie beschwingt und regt an, vermittelt ein tiefes Gefühl des Einverstandenseins, und sie schafft Verbundenheit. »Alle Bewegungen, die mit der Freude verbunden sind, sogar mit einer stillen Freude, sind Bewegungen in die Höhe, Bewegungen der Leichtigkeit; wir fühlen uns leichter, als wir normalerweise sind, und können mit etwas leichterer Hand auch an die Dinge herangehen.«[30]
Die Freude ist ein Gefühl der Öffnung, der Überschreitung »Wir müssen unsere Ich-Grenzen in diesem Zustand nicht mehr stur behaupten, sondern können uns öffnen. In der Freude sind wir nicht misstrauisch, sondern in der Freude sind wir naiv, arglos. Wir erwarten nicht ›das Böse‹ und verschließen

uns deshalb nicht schon vorsorglich; wir erwarten Angenehmes und öffnen uns erwartungsvoll dafür.«[31]
Die Freude ist eine der größten Heilquellen, die wir haben, denn sie fördert, stärkt und stimuliert unsere physischen und mentalen Selbstheilungskräfte, wie inzwischen durch medizinische Studien belegt wurde.[32] Der Arzt Klaus-Dieter Platsch berichtet in seinem Buch *Das heilende Feld* von einer schwer herzkranken, wenig belastbaren, schnell erschöpften Patientin, die auf Rat der Ärzte ein Leben größtmöglicher Schonung führt. Dennoch hat sie eine Leidenschaft – das Tanzen –, und trotz ihres schlechten Gesundheitszustandes gehe sie, wie sie Klaus Platsch eines Tages gesteht«, hin und wieder tanzen und könne da drei Stunden beschwerdefrei durchtanzen, und auch danach fühle sie sich noch für eine Weile gut. Für sie bedeutet das Tanzen reine Lebensfreude, und diese stärkt, wie Klaus-Dieter Platsch betont, das Herz. »In der chinesischen Medizin – wie auch in anderen alten Medizinkulturen der Welt – gehört die Freude zur Herzenergie, die für die spirituelle Ebene und die Verbindung des Menschen mit dem Göttlichen steht. Das metaphysische Herz als Ort der Herzenergie gilt als Sitz unseres ganzheitlichen und spirituellen Bewusstseins. So entfaltet sich höchste Heilkraft aus der Herzenergie und damit aus der Freude.«[33]

Im Allgemeinen freuen wir uns gerne, da wir das damit verbundene angenehme Gefühl schätzen, machen uns meist aber nicht sehr viel Gedanken über Freude, sie geschieht uns, und wir sind froh; sie stellt sich nicht ein, und wir finden das schade, leiden vielleicht sogar unter unserem freudlosen Leben, aber wir sehen uns dabei selten als aktiv Beteiligte.
Üblicherweise ist unser Erleben von Freude an eine Begegnung mit etwas gebunden, das in uns Freude auslöst, sei es ein gutes Essen, der freundliche Blick eines Fremden, das Lächeln

unseres Kindes, eine Gehaltserhöhung, Blumen, die uns geschenkt werden, ein Lob, ist also an Zufälligkeiten gebunden. Wir brauchen für unsere Freude äußere Anlässe, zumindest so lange, wie wir noch nicht mit den sogenannten überweltlichen Freuden vertraut sind, von denen viele große spirituelle Traditionen sprechen. Aber sie allein sind nicht ausreichend. Freude erleben wir nur dann, wenn wir diese Anlässe als solche überhaupt wahrnehmen, offen dafür sind. Wer kennt es nicht, dass er an einem Tag über etwas Freude empfindet, während es ihn am nächsten kaltlässt? Dass sie sich auf den Urlaub schon Wochen vorher freut, aber schon ab dem dritten Tag ein Gefühl der Langeweile empfindet? Sich über das neue Bild an der Wand freut, aber es schon nach kurzer Zeit kaum noch wahrnimmt? »Vorfreude ist die schönste Freude«, sagt der Volksmund, aber sie ist auch schnell vorbei, da wir uns sehr, sehr schnell an neue Dinge gewöhnen. Im Vorfeld mögen wir uns auf sie gefreut haben, mögen wir viel Zeit und Energie investiert haben, um sie zu bekommen, doch schon nach kurzer Zeit lösen sie keine Freude mehr in uns aus, liegen sie unbeachtet in der Ecke.

Selbst wenn wir meinen, wie ein pawlowscher Hund auf bestimmte Dinge wie Lob und Anerkennung zum Beispiel stets mit Freude zu reagieren, so werden wohl lobende Worte aus dem Mund eines Menschen, den wir nicht mögen, dem wir nicht trauen, diesen Freudereflex nicht in uns hervorrufen. Ein Sonnenuntergang weckt bei dem einen Freude, während ein anderer nur einen kurzen Blick auf den roten Sonnenball wirft und dann zur Tagesordnung übergeht. An Tagen, an denen uns alles grau in grau erscheint, haben wir das Gefühl, es gibt nichts Erfreuliches in unserem Leben, an Tagen, an denen unsere Grundstimmung eine andere ist, erleben wir auf einmal eine freudvolle Situation nach der anderen.

Wollen wir das Erleben von Freude nicht nur von Zufälligkeiten und günstigen Bedingungen abhängig machen, setzt das eines voraus: *Wir müssen uns für unsere Freude interessieren und verantwortlich fühlen.* Dieser Satz, den ich während eines Seminars über Freude bei dem buddhistischen Meditationslehrer Wilfried Reuter erstmalig bewusst aufnahm, war wie eine kleine Erleuchtung für mich, denn bisher hatte ich mich zwar für alles Mögliche verantwortlich gefühlt, aber nicht für meine Freude; dass man sich um die eigene Freude aktiv kümmern kann, eröffnete mir eine gänzlich neue Perspektive.

Sich für die eigene Freude verantwortlich zu fühlen, bedeutet:
- die Freude während des Tages immer wieder einmal in den Fokus der Aufmerksamkeit zu rücken;
- die Bedingungen für Freude im eigenen Leben näher kennenzulernen und zu stärken;
- die Hindernisse für Freude im eigenen Leben zu erforschen und einen kreativen Umgang mit ihnen zu finden. Zu untersuchen: Was sind meine Freudenhemmer?
- Sich mit der Basis der Freude zu befassen. Zu untersuchen: Was sind meine Freudenquellen?
- Sich mit der Tiefendimension der Freude zu beschäftigen. Zu untersuchen: Was nährt mich, was trägt mich wirklich in meinem Leben? Und sich mehr und mehr darauf auszurichten.

Sich für die eigene Freude verantwortlich fühlen

Habe ich mich heute schon gefreut?
Oft sind wir in unserem Alltagsleben vorwiegend auf die Dinge konzentriert, die schwierig und herausfordernd sind, die gelöst werden müssen, die uns ärgern und Probleme bereiten. Um der Freude eine größere Rolle im Leben einzuräumen, ist es hilfreich, sich immer wieder einmal während des Tages aus dieser Tagträumerei schwieriger Problembewältigungen zu erwecken.

Übung: Halten Sie während des Tages immer wieder einmal inne und fragen Sie sich: Habe ich mich heute schon gefreut? Wenn ja, was waren die Anlässe? Sind mir diese Anlässe »widerfahren« oder habe ich aktiv dazu beigetragen? Wie hat sich die Freude angefühlt? Wo habe ich sie gespürt? Was geschieht, wenn ich mich an sie erinnere? Kann ich mir weitere Auslöser zur Freude schaffen oder welche zulassen? Habe ich heute schon einem anderen Menschen Freude bereitet? Habe ich seine Freude miterlebt? Was hat sie bei mir ausgelöst? Wem könnte ich heute noch eine Freude bereiten?

Hilfreich ist es, wenn man Tagebuch führt, eine Rubrik für die Freude einzurichten oder eine Art *Freudentagebuch* zu führen und die Ergebnisse der Selbstbefragung jeweils darin festzuhalten oder am Abend zu notieren, worüber man sich während des vergangenen Tages besonders gefreut hat und wem man wodurch Freude bereitet hat. Durch diese Notizen kann man die eigenen Freudenmuster näher kennenlernen und ein Gespür dafür entwickeln, wie sehr die Freude im eigenen Leben bereits verankert ist und man aktiv etwas dafür tut oder wie sehr sie noch von Zufälligkeiten abhängig und ein eher beiläufiger Aspekt des eigenen Lebens ist.

Während der Arbeit an diesem Buch schickte mir eine Freundin einen Text, in dem sie, wie sie dies wohl regelmäßig tut, für sich einen ganz normalen Tag ihres Lebens beschreibt und dabei besonders Freude und Dankbarkeit reflektiert. Sie hat mir erlaubt, ihn hier abzudrucken:

»Ich erwache, liege in meinem Bett, das ich als den gemütlichsten Ort der Welt begreife, und freue mich, noch etwas Zeit zu haben. Hier in der Stadt werde ich nicht von fröhlich-eindringlichem Vogelgezwitscher aufgeweckt, wie ich es hin und wieder auf dem Land erlebe. Hier gurrt ein Taubenpärchen unter dem Dach. Aber warum sollte ich es geringer schätzen? Mein Körper fühlt sich ruhig und entspannt an. Dieser hochkomplizierte und sensible Körper, in dem Faser in Faser, Zelle in Zelle greift, funktioniert nun schon über 40 Jahre nahezu reibungslos. Denke ich an ihn, kümmere ich mich um ihn: salbe ihn ein, massiere ihn und versehe ihn mit guten Gedanken. Schmerzt er, finde ich heraus, was ihm fehlt, und nähre ihn. Wir sind ein gutes Team. Und doch überkommt mich manchmal die Angst, seine Sprache vielleicht nicht immer richtig lesen zu können. Aber in dieser Minute, an diesem Ort sind wir eins, und ich habe Zeit, den vor mir liegenden Tag zu bedenken.
Über diese Zeit zu verfügen ist eine große Freude für mich. Ich erlebe täglich gehetzte Menschen, die nichts mehr ersehnen als Zeit. Ich habe diese Zeit und genieße sie bewusst, strukturiere sie zu Einheiten, die mir günstig erscheinen.
Die Sonne ist gerade von Wolken verdeckt, und erste Tropfen

verdichten sich zu einem Regenguss. Kein verlockendes Wetter, aber wer weiß, für wen vielleicht doch? Bei näherem Zuhören nehme ich wahr, wie der Regen von Windböen begleitet wird, die die Blätter des Baumes im Hof rauschen lassen. Es scheint mir, als bedankten sie sich so bei den sich über ihnen entleerenden Wolken. Nachdem sie genug getrunken haben, bricht die Sonne durch die Wolken.

Zeit fürs Frühstück. Ich habe die Wahl: zwischen Kaffee und Tee, Brot und Brötchen, Müsli und Joghurt, Obst und Konfitüre. Welch ein Luxus. Ich empfinde es als unglaubliches Privileg, in einer Epoche mit solch einer Wahlfreiheit zu leben, und drücke meine Dankbarkeit dafür aus, indem ich versuche, meinem Geldbeutel entsprechend vernünftig zu konsumieren. Diese Wahlfreiheit bestimmt jeden Lebensbereich und jeden Abschnitt des Tages. Während die große Auswahl an Optionen meiner Generation eher zugefallen ist, bestimme ich mit meiner bewussten Wahl darüber, ob sie sich in eine Freude für mich und andere verwandelt.

Mit der S-Bahn lasse ich mich vom einen Ende der Stadt zum anderen tragen und bewundere, wie, allen Mängeln und Problemen zum Trotz, dieser mammutartige Organismus Stadt täglich zu meinem Nutzen funktioniert. Dafür bin ich dankbar, und mir wird bewusst, wie viele Menschen mit ihrer Arbeit daran beteiligt sind. Meine tägliche Arbeit mit jungen Menschen empfinde ich als sehr interessant, aber auch anstrengend. Trotz aller Mühen bleibt es aber doch stets eine der größten Freuden für mich, die Entwicklung anderer Menschen ein Stück begleiten zu dürfen, und die größte Überraschung ist es für mich, immer wieder zu sehen, wie viele unterschiedliche Wege begehbar sind, sobald ein Mensch sich seines Kopfes und seiner Beine bedient. Täglich erlebe ich das und erfahre es als eine wichtige Quelle meiner eigenen Vitalität.

Am Ende des Tages treffe ich mich mit Freundinnen zum

Abendessen in einem kleinen Restaurant, bin umgeben von Menschen, die ich mir ausgesucht habe, denen ich zuhören kann, lasse Bilder durch meinen Kopf gehen und empfinde dies als großes Glück. Ich kann, muss aber nichts zum Gespräch beitragen, und gerade dabei entstehen in meinem Kopf neue Ideen für meine künstlerische Arbeit. So bedankt sich wohl mein Körper für die Pause, die ich ihm durch Nicht-Reden und gutes Essen gönne.

Zu Hause rufe ich meine E-Mails im Internet ab und entdecke den Skype-Anruf eines Freundes aus Südafrika. Und so chatten wir, obwohl Tausende von Kilometern voneinander entfernt, noch ein wenig über dies und das. Das war vor ein paar Jahren, als er nach Afrika auswanderte, noch nicht möglich, und ich bin sehr froh, dass es diese Technik heute gibt und ich über sie verfügen kann.

Nun ist es spät geworden. Meine Freundin schläft bereits, als ich mich zu ihr lege. Welch ein Glück, in einer Zeit zu leben, in der wir frei und ungebunden miteinander leben können und selbst darüber entscheiden, wie eng wir das tun. Vor einigen Jahrzehnten wäre das noch undenkbar gewesen. Ich schmiege mich an meine Freundin und spüre, wie ihr Atem ruhiger wird. Unser Leben ist eine Freude.«

Freudvolle Momente

In für uns schwierigen Lebenssituationen, in denen wir nicht viel Freude erleben, wir uns vielleicht eher dumpf, unausgeglichen oder aggressiv empfinden, ist es wenig sinnvoll, sich das Leben noch dadurch zu erschweren, dass man es sich als Versagen vorwirft, die Freude so aus dem Leben verbannt zu haben. Doch ein Wissen darüber, was gut funktionierende Freudenauslöser bei uns sind und wie wir uns durch Freude nähren können, ist besonders dann hilfreich. Sehen wir in der Gegenwart wenig »Material« für unsere Untersuchung, können wir uns auf die Zeiten besinnen, in denen wir uns freudvoller erlebten und uns mit dieser Freude zu verbinden suchen.

Übung: Fragen Sie sich: Wann und worüber habe ich mich in der letzten Zeit gefreut? Das müssen keine großen, ekstatischen Freuden sein, sondern können kleine Begebenheiten sein: ein Musikstück, das Lächeln eines Kollegen, eine gute Nachricht, Blumen, ein inspirierendes Buch, ein Spaziergang allein oder mit einem vertrauten Menschen, eine Erkenntnis, die Freude, eine Arbeit erledigt zu haben, eine ungeliebte Verabredung abgesagt zu haben.
Versuchen Sie, sich diese Begebenheiten so lebendig wie möglich vor Augen zu führen. Schauen Sie sich dann näher an, welche Bedingungen es genau waren, die ihre Freude ausgelöst oder dazu beigetragen haben? Waren Sie allein oder mit anderen zusammen? In der Natur oder zu Hause oder an einem anderen Ort? Haben Sie aktiv etwas getan oder waren Ruhe und Stille Freudenauslöser für Sie. War die Situation vertraut oder ungewohnt für Sie? Wie haben Sie sich gefühlt? In Einklang mit sich? Verbunden mit anderen? Stark, selbstbewusst? Wie fühlt sich Freude für sie an? Wo fühlen Sie sie? Untersuchen Sie so genau wie möglich die Bedingungen für Ihr Erleben der Freude. Fragen Sie sich dann, ob Sie gegenwärtig etwas tun oder auch lassen können, um den positiven Bedingungen für Freude mehr Raum in Ihrem Leben zu geben? Mehr in die Natur gehen? Sich mehr Zeit für sich selbst nehmen? Mehr unter Menschen sein? Achtsamer für die »kleinen Dinge des Lebens« sein? Gibt es andere, die Sie dabei unterstützen können und die Sie auch bitten mögen, dies zu tun? Sind Sie bereit, etwas dafür zu tun, der Freude einen wichtigen Stellenwert in Ih-

rem Leben einzuräumen, oder fühlen Sie sich damit überfordert oder zu sehr aus Ihrem eingefahrenen Trott gerissen?

Die buddhistische Meditationslehrerin Sylvia Wetzel nennt diese Übung »Sternstunden-Übung«[34], da die angenehmen, freudvollen Erfahrungen, denen wir in ihr nachspüren, oft nur kurze Momente währen. Regelmäßig durchgeführt, hilft diese Übung, aufmerksamer für die kleinen Freuden des Alltags zu werden und genauer zu erkennen, wodurch diese bedingt sind. Wir erforschen auf diese Weise näher, welche äußeren Bedingungen förderlich für unser Wohlbefinden und unsere Freude sind und welche nicht. Damit erweitern wir unser Spektrum, aktiv etwas für unsere Freude zu tun und so auch in schwierigen Zeiten die Freudendimension unseres Lebens nicht aus den Augen zu verlieren.

Die Freudenbiografie

Für manche Menschen ist es gar nicht einfach, Zugang zur freudvollen Dimension des Lebens zu finden, weil ihre Prioritäten vielleicht ganz andere sind, aber auch, weil sich in ihnen etwas gegen die Freude sträubt. Möglicherweise erscheinen ihnen freudige Gefühle als oberflächlich und schal und aufgrund ihrer Kurzlebigkeit als nicht besonders bemerkenswert, einigen von uns hat man schon in frühen Jahren im Elternhaus, in der Schule die Freude weitgehend ausgetrieben. Wir alle haben eine Geschichte mit der Freude.
Verena Kast schlägt vor, diese in einer *Freudenbiografie* näher zu untersuchen, das eigene Leben unter der Fragestellung zu betrachten, wie wir in den einzelnen Lebensphasen Freude erlebt haben, aber auch, wie sie uns verwehrt oder ausgetrieben wurde. Und dann zu schauen, was aus der Freude im Laufe

unseres Lebens geworden ist. Erleben wir heute mehr Freude als früher, als in bestimmten Lebensphasen? Weniger?

»Der Sinn einer solchen Rekonstruktion der Freudenbiografie liegt nicht nur darin, herauszufinden, was aus unserer Freude im Laufe des Lebens geworden ist, sondern auch darin, dass wir uns immer wieder mit der Freudensituation in der Vergangenheit identifizieren; uns beispielsweise mit uns selbst als freudigem Kind identifizieren oder eben – wenn wir die Freuden, die es in unserem Leben gab, gesammelt haben – mit uns selbst in unserer ganzen Entwicklung als freudefähige Menschen.«[35]

Rekonstruieren können wir unsere diesbezügliche Lebensgeschichte anhand unserer eigenen Erinnerungen, der Erinnerungen und Geschichten anderer, die uns erzählt worden sind oder jetzt erzählt werden, anhand von Fotos, Tagebüchern, Zeichnungen, Bildern, alten Spielsachen. All dies können Erinnerungsträger gelebter, erlebter Freude sein.

Hilfreich für die Erstellung der Freudenbiografie kann auch die folgende Übung sein:

Übung: Erinnern Sie sich an eine freudvolle Situation aus Ihrer frühen Kindheit. Stellen Sie sich die Situation möglichst bildhaft und anschaulich vor. Was hat sie so freudvoll gemacht? Versuchen Sie sich in die Körperbewegungen des kleinen Kindes einzufühlen, das Sie damals waren. Wie hat es die Freude ausgedrückt? Erinnern Sie sich an weitere Körperbewegungen, die Ihnen Freude gemacht haben.

Wie haben Sie als Kind Ihre Freude ausgedrückt? Waren Menschen da, denen Sie die Freude zeigen konnten? Wie haben die reagiert? Was hat das bei Ihnen ausgelöst? Wenn keine Menschen zugegen waren, was haben Sie dann mit Ihrer Freude gemacht?

> Können Sie eine Beziehung sehen zwischen Ihren Freudenerfahrungen als Kind und als erwachsener Mensch, Ihrer Art damals und heute Freude zu erleben, auszudrücken oder nicht auszudrücken.
> Gehen Sie auf diese Weise chronologisch durch Ihr Leben und untersuchen Sie Ihre Erfahrungen mit der Freude auf den unterschiedlichsten Lebensstufen bis in die Gegenwart hinein. Gab es einschneidende Brüche in Ihrem Freudenerleben? Phasen, in denen Ihr Leben freudiger verlief? Phasen, die Sie als weitgehend freudlos erlebten? Wie sehr ist Ihr gegenwärtiges Leben von diesen Erfahrungen geprägt?[36]

Das eigene Leben auf dem Hintergrund erlebter und verwehrter Freuden anzuschauen und zu rekonstruieren ist sehr erhellend. Wir erfahren etwas darüber, wie wir unserer Freude Ausdruck geben, wie sich unser Freuen im Laufe der Jahre verändert hat. Welches Verhalten wir entwickelt haben, um uns möglichst viel Freude zu verschaffen, und welches, um Freude zu vermeiden.
Als ich mich im Rahmen meiner eigenen Freudenbiografie in das kleine Kind, das ich einmal war und das voller Freude und Begeisterung immer wieder die Arme in den Himmel streckte und manchmal dazu auch noch in die Luft sprang, einzufühlen begann, hatte ich das Gefühl, mich wieder mit dieser großen Lebensfreude verbinden zu können. Seitdem steht mir dieses Kind in freudigen Situationen oft vor Augen, und ich spüre in mir vom Bauch ausgehend eine Aufwärtsbewegung, als reckte dieses Kind in mir seine Arme nach oben. Dies verstärkt meine Freude und gibt ihr körperlich eine Aufrichtung. Oder ich rufe mir dieses Kind ins Gedächtnis, und das erweckt Freude in mir. Ich entdeckte bei meiner Freudenbiografie aber auch, wie lange schon das, was Verena Kast den Freuden-

zirkel[37] nennt, mein Leben durchzieht: Aus narzisstischen Bedürfnissen heraus Dinge zu versprechen, die anderen Freude machen, für die sie dankbar sind, ohne dass man diese Dinge aber wirklich versprechen wollte oder auch nur einhalten kann. Die Freude und Dankbarkeit der anderen werden als Anerkennung und Bestätigung erfahren (und um dieses Gefühl geht es eigentlich wirklich), was wiederum Freude und Dankbarkeit auslöst und Anlass dafür sein kann, im Überschwang noch mehr zu versprechen. So sieht man sich über kurz oder lang in Verpflichtungen verstrickt, die man so eigentlich nicht wollte, denen man nur mit großem Einsatz, wenn überhaupt, gerecht werden kann.

Durch die Freudenbiografie kommen wir in Kontakt mit uns als einer Person, die zur Freude fähig ist. »In der Erinnerung wird die Freude wiederbelebt, und damit werden Situationen erneut lebendig, in denen wir mit uns und der Welt einverstanden waren, in denen wir bereit waren, uns zu öffnen, mit anderen zu teilen, in denen wir erlebt haben, dass Leben uns auch etwas geben kann, das über das Erwartete hinausgeht. In der Freude fühlen wir uns ganz, im Modus der Verbundenheit mit anderen Menschen, in einem Welterleben, das uns das Leben auch in seiner unerwarteten Fülle zeigt.«[38]
Dies kann eine große Veränderung in unserer Sicht des eigenen Lebens bewirken. Viele von uns neigen dazu, ihr bisheriges Leben vor allem unter dem Aspekt der Schwierigkeiten und Probleme zu sehen, sich an die Dinge zu erinnern, die nicht geklappt haben, an die Chancen, die nicht wahrgenommen wurden, an die Menschen, die enttäuscht haben. Wir verändern diese Perspektive radikal, wenn wir den Fokus auf die Freude richten, wenn wir sehen, wie viel Freudvolles, Positives wir in unserem Leben erfahren haben, wie oft wir Freude erlebt haben.

Die Rekonstruktion der Freudenbiografie gibt uns die Möglichkeit, für uns wirkungsvolle, bewährte Auslöser für Freude, also die Quellen der Freude in unserem Leben, näher kennenzulernen. Das gibt uns die Chance, aktiv etwas für unsere Freude zu tun oder auch bestimmte Auslöser, siehe den Freudenzirkel, mit einem roten Ausrufezeichen zu versehen, um künftig nicht mehr so oft in diese Falle zu geraten.

Wir lernen in dieser Betrachtung unserer Lebensgeschichte aber auch die Freudenhemmer näher kennen und verstehen. Sehen, wie uns die Freude vielleicht schon in frühen Kindertagen immer wieder genommen wurde, beispielsweise indem niemand da war, der sie mit uns teilte, und sie dann einfach versickerte. Oder indem wir lächerlich gemacht wurden, wenn wir mit unserer Freude ankamen, und wir dann aus Scham schnell verstummten. Indem wir schnell mitbekamen, dass in einem eher freudlosen Umfeld Ausbrüche von Freude als vollkommen unpassend angesehen wurden, und wir unsere Freude zu unterdrücken oder nur in stillen Formen auszudrücken lernten. Indem uns vermittelt wurde, dass es sicherer ist, sich möglichst emotionslos zu zeigen. Diese früh erlebten Freudenhemmer wirken sich meist bis in unsere Gegenwart aus und prägen unsere Art, Emotionen der Freude zu kontrollieren, zu unterdrücken oder abzuwerten – bei uns selbst und bei anderen. Werden Sie uns als Hindernisse auch in ihrer lebensgeschichtlichen Dimension bewusst, können wir nach Wegen suchen, ihre Macht als Freudenhemmer oder sogar Freudenkiller zu schwächen. Sicherlich wird uns die Freudenbiografie aber damit konfrontieren, dass auch in uns die gehobene Emotion der Freude nicht immer eine erhabene ist, sondern wir durchaus Freude am Unglück anderer, also Schadenfreude, vielleicht sogar Freude daran, andere zu quälen, gezielt unglücklich zu machen, empfinden können. Vielleicht werden uns im Rahmen der Freudenbiografie lebensgeschichtliche Zusammenhänge deutlich, die uns eine neue Sicht auf diese Schattenseiten ermöglichen, was uns darin unterstützen kann, einen anderen Umgang mit diesen weniger erhabenen Aspekten der Freude zu finden.

Geteilte Freude ist doppelte Freude – Mitfreude

Im Buddhismus gilt Freude, vor allem in der Dimension der Mitfreude, neben Liebe, Mitgefühl und Gleichmut als eine von vier unermesslichen Geisteshaltungen oder Qualitäten, traditionell auch göttliche Verweilungsstätten genannt. Es geht dabei um eine Freude, die zwar auch das eigene Wohlergehen im Blick hat, aber vor allem Freude am Glück der anderen beinhaltet. Und dieser Aspekt ist wohl für die meisten von uns ein sehr herausfordernder. Glücklich sind wohl die zu nennen, die sich mit anderen Menschen über deren Erfolge oder Glück vorbehaltlos freuen können. Ja, am ehesten sind es wohl die glücklichen und weisen Menschen, die dazu in der Lage sind, während Mitfreude für die meisten von uns ein schwieriges Gebiet ist. Vielleicht können wir vorbehaltlose Mitfreude noch bei den eigenen Kindern, dem Partner, der Partnerin oder Freundinnen und Freunden empfinden, aber auch da ist es nicht immer einfach. Doch sich für den Kollegen zu freuen, der eine Beförderung bekam, auf die wir uns vielleicht selbst Hoffnung gemacht haben, für die Nachbarin, die sich den Traum eines Hauses im Grünen erfüllt hat, während wir seit Jahren mit dem Landleben liebäugeln, für das Liebespaar, das engumschlungen durch den Park geht, während wir uns grad sehr einsam fühlen, das überfordert die meisten von uns. Und so sind wir in der Begegnung mit anderen »glücklichen Menschen« oft von einem Wust widerstreitender Gefühle aus schwacher Freude, Neid, Missgunst und Selbstverachtung (ob dieser Gefühle) erfasst, wenn wir etwas zähneknirschend unsere Freude über das Glück der anderen Person zum Ausdruck bringen (müssen). Neid, Missgunst und Eifersucht sind aber die wirkungsvollsten und schnellsten Freudenkiller – bei uns selbst, aber auch bei anderen, wenn wir zum Beispiel durch unsere Missgunst und Eifersucht den uns nahestehenden Menschen das Leben vermiesen.

Der Gedanke »das will ich auch haben« oder »ich will auch so glücklich sein« geht stillschweigend davon aus, dass die Glücksmenge begrenzt ist und das Glück der anderen meine Möglichkeiten des Glücks schmälert. Die anderen erscheinen als Konkurrenten um die knappe Ressource Glück, und Konkurrenten will man gemeinhin überflügeln, besiegen, ausschalten, vernichten. Man will sich nicht auch noch an ihren Erfolgen freuen müssen.

Bei genauerer Betrachtung können wir aber erkennen, dass das Glück und die Freude eines anderen unser Glück und unsere Freude nur dann schmälern, wenn wir den Gedanken hegen: Ich will genau das haben, was die anderen haben, will das Glück und die Freude erleben, die die anderen erleben. Darin ist stillschweigend die Wertung enthalten, dass das, was die anderen haben oder sind, freudvoller und besser ist als das, was ich habe oder bin. Lassen wir diese Gedanken einmal los, können wir sehen, dass da ein Kollege ist, der sich über seine Beförderung freut, eine Nachbarin, die sich über ihr neues Haus freut, ein Liebespaar, das glücklich ist – und dass dies weder uns noch unserer möglichen Freude etwas nimmt.

Zu erkennen, dass Freude und Glück keine begrenzten Ressourcen sind, um die wir konkurrieren müssen, ist ein wichtiges Tor zur Freude in ihrer Dimension der Mitfreude.

In der Ausrichtung auf das Wohlergehen, die Freude und das Glück anderer überschreiten wir die Grenzen unseres um sich selbst kreisenden Ichs und erfahren uns in größerer Verbundenheit. Die Mitfreude verbindet uns auf eine sehr tiefe Weise in einem gemeinsamen Feld der Freude. Und wir sehen: Wenn wir uns einmal nicht einkapseln in unser kleines, bedürftiges Ich, das so schnell aus der Perspektive des Mangels denkt und agiert, uns nicht von anderen abtrennen, dann ist genügend Freude und Glück für alle da.

Mitfreude fällt für die meisten nicht vom Himmel; wir können sie als einen Übungsweg ansehen, um Schritt für Schritt, und uns dabei nicht überfordernd, die Fähigkeit zu erweitern, uns über die Freude und das Glück anderer, über das, was andere haben oder sind, auch wenn wir es selbst gern hätten oder wären, freuen zu können.

> **Übung:** Denken Sie an einen Menschen, den sie mögen, denken Sie an seine Fähigkeiten, Möglichkeiten und Erfolge. Stellen Sie sich dies alles anschaulich vor. Was empfinden Sie? Was sind Ihre Gedanken? Versuchen Sie, etwaige freudenhemmende Gedanken und Wertungen anzuerkennen und dann loszulassen. Erwecken Sie, falls nicht ohnehin vorhanden, ein Gefühl der Freude in sich über die Fähigkeiten und Möglichkeiten des anderen, darüber, dass es ihm gutgeht und er glücklich ist. Wünschen Sie ihm, dass es ihm immer bessergehen möge, er immer freudvoller und glücklicher sein wird.
> Gehen Sie dann über zu Menschen, die ihnen eher gleichgültig sind, schließlich zu Menschen, die Sie nicht mögen. Schauen Sie, wo Ihre Grenzen der Mitfreude sind und ob diese sich mit der Zeit etwas verschieben lassen.[39]

Sollten Sie sich irgendwann über das Glück und den Erfolg eines Menschen freuen können, den Sie sehr ablehnen, und zwar auch darüber, dass er etwas erreicht hat (zum Beispiel

eine berufliche Position), was Ihnen dadurch verwehrt bleibt, dann können Sie sicher sein, die Qualität der Freude und Mitfreude so weit kultiviert zu haben, dass Sie vollkommen frei in Ihrer Freude sind. Aber wenn Sie das erreicht haben, werden Sie vermutlich auch so weise und frei von Wertungen sein, dass Sie gegen niemanden mehr Abneigung empfinden ...
Die meisten Menschen werden aber in ihrer Fähigkeit zur Mitfreude immer wieder an Grenzen stoßen und mit den Freudenhemmern Neid, Missgunst und Eifersucht konfrontiert werden. Diese Gefühle mögen zwar nicht zu unserem Idealbild von uns selbst passen, aber sie sind einfach da und wollen gesehen und nicht immer nur schamvoll versteckt werden. Eine gute Freundin und ich haben irgendwann begonnen, uns jeweils offen zu sagen, wann wir neidisch über das Erlebte oder Erreichte der anderen sind. Diesen kleinen Tabubruch, den Neid ganz offen und manchmal auch etwas übertrieben zuzugeben, erlebe ich als etwas sehr Angenehmes, Befreiendes, was mir zeigt, wie anstrengend es ist, Neid und Missgunst vor anderen (und auch vor sich selbst) zu verbergen.
Gefühle von Neid und Missgunst können uns aber auch auf ungelebte eigene Wünsche hinweisen, für deren Verwirklichung wir, sind sie erst einmal aus dem Schatten des Neides getreten, aktiv etwas tun können, und sei es, uns von ihnen zu verabschieden. Kann ich mich mit einer befreundeten Künstlerin über deren Erfolg nicht mitfreuen, sondern reagiere mit Neid darauf, so mag dies daraus resultieren, dass ich auch gern künstlerisch arbeiten und darin erfolgreich sein möchte. Wird mir das bewusst, kann ich mich mit diesem Wunsch näher befassen, schauen, welchen Raum ich der künstlerischen Betätigung in meinem Leben überhaupt einräume, ob sie überhaupt die Priorität für mich hat, die im Allgemeinen Voraussetzung ist für erfolgreiches künstlerisches Arbeiten (was immer das dann genauer sein mag). Und entscheiden, ob ich

daran wirklich etwas ändern will. Oder bin ich neidisch auf die Leidenschaft, mit der diese Frau ihre Ziele verfolgt, was meinen Blick auf die eigenen, vielleicht verschütteten Leidenschaften lenkt. Neid und Missgunst sind wunderbare Eingangstore zu unseren ungelebten Wünschen.

Um unsere Freude in ihrem Aspekt der Mitfreude weiterzuentwickeln und unsere diesbezüglichen Fähigkeiten zu erweitern, können wir unsere Intention auch durch Wunschsätze stärken. Sie sollten uns in unserer konkreten Lebenssituation unmittelbar ansprechen, uns nicht als Ansprüche unter Druck setzen oder uns vollkommen kaltlassen, weil sie so weit von unserer Lebenswirklichkeit entfernt sind. Die Psychologin Elisabeth Reisch schlägt in ihrem Buch *Wünsche loslassen – das Leben gewinnen* Sätze der folgenden Art vor:

> *Möge ich Schritt für Schritt Mitfreude mit anderen empfinden können.*
> *Möge Mitfreude mein Herz öffnen.*
> *Möge ich durch Mitfreude eigenes Glück erfahren.*
> *Möge ich Mitfreude als natürlichen Bestandteil meines Wesens entdecken.*
> *Mögen alle anderen das Glück erfahren, das ich mir selbst wünsche.*[40]

In der tibetisch buddhistischen Tradition kulminiert die Ausrichtung auf die Freude anderer (die aber auch die eigene einschließt) in dem Satz:

> *Mögen alle Wesen höchste Freude erleben, die jenseits von Leid ist, die Freude der Befreiung und des Erwachens.*

Diese Freude wird weder durch äußere Auslöser erweckt und gemehrt, noch kann sie durch Leidvolles geschmälert werden, sie ist frei von jeder Bedingtheit.

Die Freude – der Weg des Herzens

Die Freude stellt uns die Frage: »Worum geht es eigentlich bei all diesem Gerenne? Was machen wir mit unserem Leben?
BRUCE DAVIS

An einem regnerischen, windigen Nachmittag stehen vielleicht dreißig Menschen, alle in Regenjacken gehüllt, im Matsch am Rand der Ausgrabungsstätte eines neolithischen Dorfes auf den schottischen Orkneys dichtgedrängt um eine junge Frau. Eine Reihe ebenfalls junger Menschen ist damit befasst, in Senken stehend, mit kleinen Spachteln die Erde abzutragen, Mauerreste freizulegen und nach Fundstücken Ausschau zu halten. Die Frau führt uns herum, erklärt uns, was bisher ausgegraben wurde und was daraus vielleicht über die Lebensweise unserer Vorfahren abzuleiten ist. Und wieder regnet es heftig, doch Sandra Miller, so ihr Name, spricht unbeirrt mit leuchtenden Augen von der Fundstätte, zeigt uns begeistert Steine mit Einkerbungen, die auf künstlerische Aktivitäten der hier vor 5000 Jahren lebenden Menschen schließen lassen, erläutert lebhaft Folien mit Luftaufnahmen, die nähere Details des ganzen Geländes erkennen lassen. Was für mich zunächst nur aufgeschichtete Steine sind, wird durch ihre Worte zu äußerst raffinierten gerundeten Mauern, innerhalb deren unsere Vorfahren die interessantesten Dinge getan haben. Sie schafft es, an diesem durch und durch grauen Tag Bilder von solcher Lebendigkeit in mir zu erwecken, dass ich fast meine, diesen Menschen bei ihren Verrichtungen zuzuschauen, sie um ihre Feuerstelle sitzen und Knochen bearbeiten zu sehen, aus denen sie dann Halsketten fertigen. Sandra Miller ist so voller Enthusiasmus und Begeisterung dabei, dass sie ein Feld der Freude schafft, ein Feld, das, so glaube ich, uns alle erfasst und mit Freude durchtränkt. Als ich wieder aufs Fahrrad steige, um zu meiner Pension zurückzufahren, erscheint mir der Himmel um einiges heller, und ich bin von tiefer Freude erfüllt. Als es am nächsten Morgen wieder eher nach Regen als nach Sonne aussieht, überrede ich meine Freundin, sich ebenfalls diese Ausgrabungsstätte anzusehen und die Führung von Sandra Miller zu erleben. In meinem Kopf ist der Gedanke, wie schön es doch wäre, mich erneut von ihrer Freude anstecken zu lassen, und dass dies meinem Tag einen guten Start gäbe. Als wir dort ankommen, hat sich bereits eine Menschentraube versammelt. Mich durchkämpfend sehe ich, dass sie sich nicht um Sandra Miller, sondern um einen jungen Mann geschart hat. Ich bin enttäuscht. Er spricht leise, wird wiederholt ermahnt, lauter zu sprechen, worauf er verunsichert noch leiser wird. In mir wächst ein Ärger über diesen Mann und über die Frau neben mir, die ihrem Sohn lautstark das Gesagte in Italienisch wiederholt. Der Mann dreht sich nun zunehmend weg beim Sprechen, da er über die Ausgrabungen hinter sich spricht, so dass ihn nun kaum noch jemand versteht, wird aufgefordert, doch in Richtung der Anwesenden zu sprechen, worauf er zu Boden blickt und spricht. Ich werde immer wütender, macht dieser junge Mann doch mein Konzept kaputt, mich von der Freude eines anderen anstecken und nähren zu lassen. Mir ist bewusst, wie lächerlich und absurd das ist, was nichts an meinen heftigen Reaktionen ändert, und ich beobachte sie dann einfach als interessante Phänomene des Geistes. Mehr und mehr Menschen wenden sich ab, und die Unsicherheit und Angst sind dem Mann immer deutlicher ins Gesicht geschrieben. Auch ich geselle mich mit sehr ablehnenden Gefühlen erst wieder ganz am Schluss zu der nun sehr kleinen Runde. Der Mann hat einen handtellergroßen Stein in der Hand und erklärt daran irgendetwas. Als ich ihn jetzt das erste Mal genauer betrachte, sehe ich in seinen Augen ganz deutlich den Glanz der Liebe und Freude für das, was er tut; es ist eine stille Freude, die sich immer wieder gegen seine Verunsicherung durchsetzen muss, aber sie ist sichtbar, fühlbar. Und auch diese sehr viel stillere Freude nährt.

Die Jagd nach freudvollen Erfahrungen ist letztendlich ein Garant für Enttäuschung, Ärger und Freudlosigkeit, selbst wenn sie, wie im Beispiel oben, vielleicht subtilere Formen annimmt als die Schnäppchenjagd im Ausverkauf.
Die Freude als einen Weg des Herzens zu verstehen und zu gehen, bedeutet, die Jagd nach freudvollen Erfahrungen aufzugeben und endlich innezuhalten. »Freude ist der unendliche Raum, den ich finde, wenn ich die Augen schließe und nach innen schaue. Sie ist die Freiheit ohne Grenzen, die ich spüre. Freude ist, wer ich bin«[41], sagt Bruce Davis, der zusammen mit seiner Frau Ruth das Ost-West-Einkehrzentrum in Assisi gegründet hat, um Menschen aller spirituellen Ausrichtungen einen Ort zu bieten, an dem sie sich mit diesem Weg der Freude vertraut machen können.
Diese Freude ist in der Gegenwärtigkeit verwurzelt, sie ruft auf, jetzt zu leben und die vielen kleinen Momente zu entdecken, die uns die freudvolle Dimension des Lebens erschließen. Sie zeigt uns – wenn wir uns von ihr leiten lassen und unterscheiden lernen, was uns wirklich nährt und was uns nur

beschäftigt hält – einen Ausweg aus unserer Getriebenheit, verankert uns in uns selbst, gibt uns eine Heimat in uns selbst. »Die Freude ist nie sehr fern, wenn wir uns nahe sind«, so Bruce Davis, doch solange wir immer nur außerhalb nach Freudenauslösern suchen, trennen wir uns ab von uns und unserem inneren Freudestrom. Wir fühlen uns abhängig von äußeren Dingen, von denen wir glauben, sie seien es, die uns glücklich machen oder Freude bereiten. Doch nicht das neue Auto, die Gehaltserhöhung, das anerkennende Lob sind die Ursachen unserer Freude, sie sind lediglich die Auslöser, die unsere Fähigkeit zur Freude anregen. Die Ursachen von Glück und Freude liegen immer in uns selbst, sind uns also immer zugänglich. Das heißt, auch in sehr schwierigen Situationen, in denen wir vielleicht sehr wenige Freudenauslöser im Außen finden können, sind wir nicht von der Freude abgeschnitten. »Jedes Gefühl ist Freude, denn jedes echte Gefühl ist das Leben selbst. Es fühlt sich gut an zu weinen, zu lachen, unsere Wut oder Trauer zu spüren. Es fühlt sich gut an zu fühlen. Das ist Freude: fühlen zu können. Freude heißt, unseren Fluss der Wahrheit, den Fluss des Lebens zu spüren.[42]
Die Verbindung zu uns selbst und unserem inneren Freudenstrom kann uns helfen, unsere Vorstellungen darüber, wie unser Leben zu sein hat oder aussehen sollte, loszulassen und uns auf das zu besinnen, was uns wirklich trägt im Leben. Es kann bedeuten, dass wir uns von Konventionen verbschieden, die uns in ein Leben zwängen, von dem wir vielleicht meinen, es führen zu müssen, das aber gar nicht unseren tiefsten Neigungen und Wünschen entspricht. Auf meine Frage, wie ich im Einzelnen denn unterscheiden könne, was für mich wirklich stimmig sei, sagte die Sufilehrerin Annette Kaiser: »Schau, wo dein Herz vor Freude tanzt, und folge dem.«
In den glücklichen Momenten unseres Lebens tanzt unser Herz sicher freudiger, ausgelassener, aber seine Stimme auch in den

schwirigen zu hören, die Verbindung zum inneren Freudenstrom auch dann zu halten, das ist die Lebenskunst, die wir auf dem Weg der Freude erlernen können. »Der Weg der Freude ist kein Weg, der sich vor Schmerz oder Herausforderung drückt. Die Freude ist ein Fluss, der uns, wenn wir ihm vertrauen, durch den Schmerz und die Schwierigkeiten hindurchträgt.«[43]

Wenn wir uns auf die Freude als einen Weg des Herzens ausrichten, erkennen wir, dass unser Leben mehr sein kann als Stress und Stressbewältigung, mehr als das ständige Bemühen, die Dinge irgendwie geregelt zu bekommen. Statt unsere Identität von unseren Erfolgen oder Niederlagen abhängig zu machen, überschreiten wir die Grenzen unseres kleinen Ichs, lösen unsere starre Identifikation damit auf und identifizieren uns mehr und mehr mit dem Grund unseres Seins, mit dem Leben selbst. Wir erfahren in der Verbindung zu uns selbst, dass der tragende Grund unserer Existenz Verbundenheit ist.
Bruce Davis hat die folgenden zehn Schritte zur Freude entwickelt, die auf diesem Weg unterstützend sein können:

1. Sich an Dinge und Ereignisse erinnern, die Freude gemacht haben, und dabei in der Erinnerung so weit wie möglich zurückgehen. Und sich von den erinnerten Freuden inspirieren lassen zu etwas, das heute Freude macht.
2. Sich täglich Momente der Ruhe gönnen und ganz in der Gegenwart sein, alles loslassen, sich selbst spüren, dem, was sich zeigen will, Raum geben.
3. Ist das gegenwärtige Erleben mehr von Sorgen und weniger oder gar nicht von Freude geprägt, sich Zeit nehmen, mit der Angst, die unter den Sorgen sitzt, Freundschaft zu schließen. Das eigene innere Kind umarmen und etwas tun, das Spaß macht.

4. Eine Übung daraus machen, Tag für Tag etwas für sich zu finden, was Freude macht, was nährt.
5. Sich täglich die Freude der Stille schenken.
6. Den eigenen Körper lieben.
7. Die Gemeinschaft mit anderen suchen, mit denen man in Freude zusammen sein kann.
8. Großzügig sein, uns anderen mit Herz und Händen zur Verfügung stellen, geben, dienen.
9. Der eigenen Sehnsucht nachspüren und den Aspekt des Lebens als Geschenk annehmen, nach dem man sich sehnt, denn in dieser Sehnsucht liegt unsere Seele.
10. Sich jeden Abend die Zeit dafür nehmen, in den wahrsten Augenblick des Tages einzutauchen. Den Augenblick noch einmal so durchleben, als wäre er jetzt, und sich von der Freude ganz erfüllen lassen.[44]

Das beste Mittel, jeden Tag gut zu beginnen, ist beim Erwachen daran denken, ob man nicht wenigstens einem Menschen an diesem Tag eine Freude machen könne.
FRIEDRICH NIETZSCHE

Dankbarkeit –
der dritte Pfeiler des Glücks

Uns allen ist ein unschätzbares Geschenk gegeben worden. In diesem wunderbaren, sich selbst organisierenden Universum lebendig zu sein, am Tanz des Lebens teilzuhaben, mit Sinnen, um es wahrzunehmen, mit Lungen, um es zu atmen, mit Organen, die aus ihm Nahrung ziehen – das ist ein Wunder, für das es keine Worte gibt.
JOANNA MACY

Jemand reicht uns die Hand, damit wir die hohe Stufe problemlos erklimmen können, jemand lächelt uns auf der Straße unvermittelt an, jemand bietet uns im überfüllten Bus einen Sitzplatz an, jemand lässt uns an der Supermarktkasse vor, jemand spricht uns an und sagt etwas Freundliches – Momente, in denen die allermeisten von uns ein Gefühl der Dankbarkeit empfinden, sich freuen oder sogar glücklich sind, hervorgerufen von kleinen Gesten und Aufmerksamkeiten. Kleine Gesten, in denen sich aber für uns Großes ausdrückt: Wir werden gesehen, wahrgenommen, in unserer Existenz bestätigt und anerkannt. In solchen Momenten spüren wir ein unsichtbares Band zu dem, der uns so beschenkt hat, bestätigen und anerkennen in unserem Dank auch ihn in seiner Existenz. Wir wollen ihm etwas zurückgeben, etwas Gutes tun, und oftmals haben wir in solchen Momenten das Gefühl, die Welt ist vollkommen in Ordnung, so wie sie ist. Es sind kostbare Augenblicke, Augenblicke, die schnell wieder vergehen, aber meist doch einen Widerhall in uns hinterlassen, uns im Gedächtnis bleiben, als Erinnerungen an besondere Situationen, in denen wir dieses warme, satte Gefühl der Dankbarkeit empfanden. In solchen Momenten erfahren wir etwas von der Kraft und dem Geschmack der Dankbarkeit. Die Kraft der Dankbarkeit, in zunächst eher zufällig scheinenden Augenblicken erlebt, vermag eine äußerst verführerische Macht auf uns auszuüben, erweckt sie in uns doch den Wunsch, diese Kraftquelle öfter zu erfahren und dies Erleben immer mehr zu vertiefen. Das Gefühl der Dankbarkeit fühlt sich einfach gut an, wir erfahren uns lebendig und freudig. Und es bringt uns mit der tiefsten Dimension unserer Existenz – unserer Verbundenheit – in Berührung und kann der starke Motor sein, diese Verbundenheit aktiv auszudrücken.

Wir werden der Erfahrung der Dankbarkeit das Zufällige nehmen, wenn wir sie als einen *Übungsweg* begreifen, uns in unserem Leben immer mehr auf Dankbarkeit hin ausrichten, in unserem alltäglichen Leben immer mehr nach den Dingen Ausschau halten, für die wir dankbar sind, immer mehr Gründe für Dankbarkeit zu entdecken suchen. Wir können uns die Bedingungen der Dankbarkeit immer klarer vor Augen führen und nach neuen, kreativen Möglichkeiten suchen, unsere Dankbarkeit auszudrücken. Dankbares Leben ist Weg und Ziel zugleich. Es ist ein sehr machtvoller Pfeiler des Glücks, denn wie der Benediktinermönch Bruder David Steindl-Rast sagt: »Wir sind glücklich, weil wir dankbar sind, wir sind nicht dankbar, weil wir glücklich sind.«

Es ist ein Weg, der einfach, aber nicht unbedingt immer leicht ist. Einfach, da er keine komplexen Glaubensvorstellungen, keine komplizierte Übungspraxis und exotischen Rituale beinhaltet, sondern »nur« eine innere Ausrichtung, eine Sicht, bei der wir uns in unserer Verbundenheit und Bedingtheit wahrnehmen und akzeptieren. Nicht immer leicht ist dieser Weg, da wir auch manchmal wieder vor Situationen gestellt, mit Schwierigkeiten konfrontiert werden, für die wir nicht dankbar sein wollen oder können. Dankbarkeit als Übungsweg zu verstehen bedeutet, unsere Perspektive allmählich zu weiten und mehr und mehr auch schwierige Situationen in unsere Dankbarkeit einzubeziehen, ohne uns dabei aber zu überfordern, weil wir meinen, irgendwelchen Idealen gerecht werden zu müssen. Es bedeutet, die förderlichen Bedingungen für Dankbarkeit näher zu erforschen und zu stärken und die (inneren) Hindernisse für Dankbarkeit genauer zu untersuchen und zu schwächen. Betrachten wir zunächst die Hindernisse.

Hindernisse der Dankbarkeit

Vogelgezwitscher weckt Anna auf, sonst ist es noch ganz still an diesem frühen Morgen. Sie bleibt eine Weile halbwach im warmen, weichen Bett, schlägt dann die Decke zurück, geht ins Bad, dort zunächst auf die Toilette, drückt dann die Spültaste, und das Wasser rauscht sofort durch das Becken. Sie dreht den Wasserhahn der Dusche auf, aus dem fast unmittelbar warmes Wasser strömt. Nach dem Duschen und Anziehen geht sie in ein kleines Zimmer, das sie als Meditations- und Yogaraum nutzt, um eine Weile zu meditieren und einige Übungen zu machen. Am Abend hatte sie dort etwas die Heizung angedreht, damit es am Morgen angenehm warm ist. Nach ihren Übungen stellt sie in der Küche die Kaffeemaschine an, holt Butter, Marmelade und Käse aus dem Kühlschrank, steckt Brot in den Toaster, stellt das Radio an und frühstückt. Das Geschirr räumt sie in die Spülmaschine, zieht Schuhe und den Mantel an und verlässt ihre Wohnung. Am Kiosk kauft sie eine Tageszeitung, steigt in den Bus, dann in die U-Bahn und läuft noch fünf Minuten zur Apotheke, in der sie arbeitet. Sie begrüßt ihre Kollegin, die meist vor ihr da ist, tauscht einige Worte mit ihr aus, zieht ihren weißen Kittel über und ruft noch schnell eine Freundin an, um sich mit ihr für den Abend zu verabreden. Der erste Kunde betritt den Verkaufsraum und reicht ihr ein Rezept ...

Für Anna ist dies ein ganz normaler Morgen »ohne besondere Vorkommnisse«, an den sie keine weiteren Gedanken und Gefühle verschwendet, da er für sie in seinem Verlauf ganz alltäglich ist. Natürlich weiß sie, wissen wir, die vielleicht ähnlich leben, dass Millionen Menschen auf dieser Welt unter ganz anderen Bedingungen leben, weder fließendes Wasser noch Strom, weder Heizung noch ein Dach über dem Kopf, weder eine Berufsausbildung noch einen Job haben. Wir wissen das alles, und doch ist uns unser Lebensstil meist so selbstverständlich geworden, dass wir ihn höchstens dann ernsthaft in den Blick nehmen, wenn wir ihn bedroht sehen. Wenn wir besorgt daran denken, wir könnten ihn, sollten wir zum Beispiel arbeitslos oder längere Zeit krank werden, nicht aufrechterhalten, spätestens im Alter, wenn wir unsere kleinen Renten bekommen, von denen wir fürchten, kaum leben zu können. Oft haben wir so irrationale Ängste vor Verelendung (irgendwann unter einer Brücke schlafen zu müssen, in der Gosse zu landen), dass wir jahrelang in ungeliebten Arbeitsverhältnissen ausharren, weil sie uns zumindest ein Einkommen sichern, das uns vor diesem Schicksal bewahrt.
Wir kennen die Prognosen, dass wir im Westen unseren Lebensstil nicht werden beibehalten können, wenn die drohende

Klimakatastrophe und andere Katastrophen noch abgewendet werden sollen, doch was das genau heißt, vermögen wir uns nicht so recht vorzustellen, genauso wenig, wie eine solche Katastrophe aussehen könnte. Und so lassen wir das alles nicht allzu nah an uns herankommen und hoffen, dass es noch eine Weile gutgehen mag und wir möglichst ungeschoren davonkommen. Ab und zu haben wir dann ein schlechtes Gewissen, wenn wir uns vergegenwärtigen, wie gut es uns materiell gesehen im Verhältnis zur Mehrheit der Erdbevölkerung geht, was wir aber schnell wieder beiseiteschieben.

Im Allgemeinen ist es uns selbstverständlich geworden, wie wir leben. Wir meinen vielleicht sogar, es stehe uns irgendwie zu, wir hätten ein Recht darauf, dass die öffentlichen Verkehrsmittel pünktlich fahren, es Schulen und Universitäten gibt, Krankenhäuser und Hotels, wir aus einer Fülle von Lebensmitteln wählen können.

Vor einiger Zeit sah ich die großformatigen Fotos des kalifornischen Fotojournalisten Peter Menzel. Er hatte Familien rund um den Globus inmitten der Lebensmittel, die sie üblicherweise innerhalb einer Woche konsumieren, fotografiert. Neben deutlichen Unterschieden in der Art der Lebensmittel wurde besonders augenfällig, wie viele Familien über eine sehr, sehr viel geringere Auswahl und Vielfalt an Nahrung verfügen, als wir es gemeinhin tun, wie wenig selbstverständlich es ist, aus einer so reichen Produktpalette wählen zu können.

Die Haltung, alles selbstverständlich zu nehmen, ist kein Geisteszustand, mit dem es sich dauerhaft gut und zufrieden leben lässt, lädt sie doch zu Unzufriedenheiten aller Art ein, landet sie doch schnell in einer Sicht, die überall Mangel und Unzureichendes sieht. Doch auch die Angst vor der Gefährdung unseres Lebensstils und ein schlechtes Gewissen, weil wir haben, was andere nicht haben, sind keine Geisteshaltungen, die ein glückliches Leben befördern. Und sie geben uns auch nicht die notwendige Motivation und Energie, unseren Lebensstandard ernsthaft auf den Prüfstand zu stellen und nach Möglichkeiten der (radikalen) Vereinfachung Ausschau zu halten. Das werden wir erst dann wirklich in Betracht ziehen, wenn wir unsere Lebenssituation mit einem neuen Blick, einer anderen Haltung betrachten: wenn wir das, was wir haben, was uns alles zur Verfügung steht, wertschätzend anerkennen, wenn wir nicht aus einem Gefühl des Mangels, sondern aus einem der Fülle leben – wenn wir dankbar sind.

Die Dinge für selbstverständlich halten ist ein ganz entscheidendes Hindernis für die Dankbarkeit. Und Hindernisse dieser Art müssen wir uns ansehen, müssen uns der dahinterliegenden Haltungen bewusst werden, um sie kennenzulernen und geschmeidig umschiffen zu lernen. Auch ein schlechtes Gewissen und Schuldgefühle stellen Barrieren für die Dankbarkeit dar, denn dabei schaue ich nur verstohlen auf das, was ich habe, will es gar nicht so ganz richtig sehen und genießen, aber ich will auch nichts davon abgeben oder an meinem Lebensstil etwas ändern, will eher das, was ich habe, vor den gierigen Blicken anderer schützen, will eigentlich, dass da niemand ist, dessentwegen ich ein schlechtes Gewissen oder Schuldgefühle meine haben zu müssen.
Es gibt noch eine Reihe weiterer Hindernisse, die es uns schwer macht, trotz all unseres Bemühens und unserer Ansprüche Dankbarkeit wirklich uneingeschränkt als positive Qualität zu erfahren und zu entfalten, als »freie Kür eines überwältigten Herzens« (Gustav Schwarzmann). Wie oft wurden wir als Kinder im Beisein anderer darauf hingewiesen, »danke« zu sagen, und taten es dann beschämt oder widerwillig, manchmal gar nicht so genau wissend, wofür wir uns bedanken sollten. »Was bist du doch für ein undankbares Kind!« Viele von uns haben dieses harte Urteil über sich regelmäßig gehört, wenn wir viel-

leicht diese oder jene Erwartung der Erwachsenen nicht erfüllten. Die oft gehörte Aufforderung, gefälligst dankbar zu sein, versetzte einen in die Position eines Schuldigen, ohne dass man etwas getan hatte, eher hatte man ja gerade nichts oder nicht das Richtige getan. Dankesschuld – ein etwas aus der Mode gekommener Begriff, der aber für den einen oder die andere einmal sehr machtvoll gewesen sein mag. Wie tief hat sich in uns möglicherweise auch das Gefühl verankert, etwas nicht verdient zu haben, es nicht wert zu sein, dies oder jenes zu haben? Kinder lernen schon in frühen Jahren zu lügen, nicht die Wahrheit zu sagen, und sie lernen es, indem sie ihre erwachsenen Bezugspersonen kopieren, die sich zum Beispiel für ein Geschenk erst überschwenglich bedanken und später dann, wenn der Geber nicht mehr dabei ist, deutlich werden lassen, wie wenig sie sich wirklich darüber gefreut haben. Viele von uns haben Dankbarkeit vor allem als Teil einer ritualisierten, geforderten Höflichkeit erfahren, als Form gesellschaftlichen Wohlverhaltens, und bewegen sich weiterhin vorwiegend in diesem Muster, sei es zum Beispiel im gedankenlosen »Danke«, wenn man etwas bekommen hat, oder dem reflexhaften »Danke gut« auf die Frage nach dem eigenen Befinden. Was man aber wirklich meint oder empfindet, wenn man sich auf diese Weise bedankt, ist dabei nicht von Belang, meist weiß man es selbst gar nicht so genau. Ritualisierte Höflichkeit schneidet uns von unseren Gefühlen, auch von dem tatsächlicher Dankbarkeit, ab.

Meine Mutter wollte uns Kindern oft vermitteln, wie wenig selbstverständlich es ist, sich immer satt essen zu können und keine Angst vor Bomben haben zu müssen und wie dankbar wir doch dafür sein könnten. Doch wir vermochten uns das nicht vorzustellen, es lag außerhalb unseres Erfahrungshorizontes, und wir konnten und wollten nicht dankbar dafür sein, dass uns etwas fehlte, was andere Menschen, wie meine Mutter, noch hatten erleben müssen. Die Dankbarkeit, die sie empfand (und noch heute empfindet) und an uns weitergeben wollte, wenn sie vor einem gefüllten Teller saß, war für mich und meine Schwestern nicht nachvollziehbar, erschien uns als bloße Forderung und Zumutung und löste nur Widerstand und Trotz in uns aus. Ähnlich verständnislos gelangweilte Blicke ernte ich heute von meinen Nichten, wenn ich ihnen erzähle, wie wenig selbstverständlich es ist, einen Computer zu haben (denn ich hatte ja keinen in meiner Jugend), und wie dankbar sie doch über die Entwicklung der Technik sein könnten.

Die eigene Geschichte mit der Dankbarkeit einmal näher anzuschauen ist sehr lohnend, vermag man so meist einige der Hindernisse zu entdecken, die es erschweren oder manchmal sogar unmöglich machen, selbst wenn man es wollte, Dankbarkeit zur eigenen Lebenspraxis, zu einem stabilen Pfeiler des Lebensglücks werden zu lassen. Wird uns mehr und mehr bewusst, wie sie uns – offenkundig oder mehr unterschwellig – in unserem freien Erleben der Dankbarkeit behindern, dann ist es wichtig zu erkennen, dass diese Hindernisse letztlich aus nichts anderem als Gewohnheitsmustern, festverwurzelten Überzeugungen, also aus Gedanken, bestehen. Und als solche können wir sie, wie im ersten Teil des Buches zum Umgang mit Gedanken und Gefühlen beschrieben, achtsam wahrnehmen und immer wieder und wieder loslassen.

Die Geburtsstunde der Dankbarkeit –
sich von Selbstverständlichem überraschen lassen

Alles für selbstverständlich halten ist ein Gewohnheitsmuster, das ein sehr massives Hindernis zu einem dankbaren Leben darstellt. Wir können es dadurch überwinden, dass wir den Dingen ihre Selbstverständlichkeit nehmen; auch solchen, deren Fehlen wir vielleicht gar nicht kennen. Möglich ist dies, wenn wir, wie Bruder David Steindl-Rast sagt, uns von den Dingen *überraschen* lassen. Das ist die Geburtsstunde der Dankbarkeit. Dankbarkeit fängt da an, wo wir uns von den Dingen, die uns so selbstverständlich erscheinen, überraschen, ver-wundern oder er-staunen lassen. »Wir werden nie dankbar sein, bis wir aufwachen. Aufwachen wozu? Zur Überraschung. Solange uns nichts überrascht, gehen wir wie benommen durchs Leben. Ich schlage vor, die einfache Frage: ›Ist das nicht erstaunlich?‹ als eine Art Wecker zu benutzen. ›Ja, tatsächlich‹, wird darauf die richtige Antwort sein, ungeachtet dessen, wann, wo und unter welchen Umständen ihr diese Frage stellt. Fragt euch mindestens zweimal am Tag: ›Ist das nicht erstaunlich?‹, und ihr werdet schon bald viel wacher sein für die erstaunliche, überraschende Welt, in der wir leben.«[45]
Üblicherweise verbinden wir Überraschung mit etwas, das wir nicht erwartet hatten, auf das wir nicht eingestellt sind. Ist es eine positive Überraschung, erhellt sich unser Gesicht, die Augen leuchten, und wir freuen uns. Ist das, was uns überrascht, für uns negativ, verzieht sich unser Gesicht in Skepsis und Abwehr, oder wir versuchen gute Miene zum bösen Spiel zu machen, gehen in Hab-Acht-Stellung oder bereiten unsererseits einen Angriff vor. Wir fühlen uns von der Überraschung überrumpelt, aus dem Konzept gebracht, und weil wir uns nur in unseren Konzepten sicher fühlen, mögen viele von uns gar

keine Überraschungen und versuchen, das eigene Leben so unter Kontrolle zu bringen, dass es zu möglichst wenigen Überraschungen kommt.

Doch wie können wir dem Selbstverständlichen die Selbstverständlichkeit nehmen, wie uns von dem heißen Wasser, das tagtäglich aus unserer Leitung kommt, von der Wärme, die aus der aufgedrehten Heizung kommt, von unserem warmen Bett, dem wir am Morgen entsteigen, verwundern, erstaunen, überraschen lassen, denn ihnen haftet ja auf den ersten Blick nichts Unerwartetes an? Wir kennen sie doch, sie sind uns längst so vertraut, so selbstverständlich geworden, dass wir ganz andere Dinge im Kopf haben, wenn wir sie benutzen.

Doch so selbstverständlich es mir geworden ist, dass aus der Leitung warmes Wasser kommt und ich jederzeit duschen kann, so kenne ich das warme Wasser, das *jetzt* aus der Leitung kommt, wenn ich den Hahn aufdrehe, keineswegs; dieses Wasser ist nicht das Wasser von gestern oder vorvorgestern; dieses angenehm warme Gefühl, das ich empfinde, wenn das Wasser über meine Hände strömt, erlebe ich *jetzt*; es ist nicht das Gefühl von letzter Woche oder nächstem Jahr. *Jetzt* erfahre ich die wunderbare Wärme des Bettes, in dem ich liege, die Daunendecke, in die ich mich noch einmal eindrehe, bevor ich aufstehe. Und in diesem Jetzt-Erleben kann mich alles, noch das Allerselbstverständlichste überraschen, da es neu, frisch, noch nie zuvor erlebt worden ist. Selbstverständliches verwandelt sich durch die Achtsamkeit, das Gewahrsein, für das, was im Augenblick, im Jetzt geschieht, in Überraschendes. Die Achtsamkeit ist also ein wichtiges Instrument zur Entfaltung der Dankbarkeit. Haben wir gelernt, uns und dem, was uns umgibt, mit Achtsamkeit zu begegnen, ist dies ein ganz entscheidender Baustein zum Pfeiler der Dankbarkeit, verwandelt sie doch Altbekanntes, Längstvertrautes in die Lebendigkeit des Jetzt-Erlebens.

»Wie viel uns doch verlorengeht, nur weil wir so abgestumpft durchs Leben gehen. Wie viel uns doch verlorengeht an Freuden, an Überraschungen, die uns überall umgeben und nur darauf warten, entdeckt zu werden. Aber es muss nicht so sein. Wir können unser fortschreitendes Stumpfwerden aufhalten wie einen Krankheitsprozess. Wir können den Ablauf umkehren, können lernen, jeden Tag noch nie Gewürdigtes neu zu erleben. Am Morgen, noch bevor wir die Augen öffnen, können wir schon damit anfangen. Wir brauchen uns nur daran zu erinnern, was für ein Geschenk unsere Augen doch sind ... Würden wir nicht unsere Augen ganz anders öffnen, wenn wir es dankbar täten? Dankbarkeit ist der Schlüssel zur Lebensfreude. Wir halten diesen Schlüssel in unseren eigenen Händen.«[46]

Übung: Nehmen Sie sich am Morgen oder am Abend oder wann immer es Ihnen gut passt, etwas Zeit und wenden Sie sich zwei, drei Dingen zu, die Ihnen normalerweise ganz selbstverständlich erscheinen (zum Beispiel Strom, Telefon, Wasser, Kleidung, Auto, Nahrung, Luft). Untersuchen Sie einmal näher: Warum erscheinen mir diese Dinge so selbstverständlich? Stehen sie mir immer zur Verfügung? Sind sie einfach da oder muss ich etwas dafür tun? Woher kommen sie? Welcher menschlichen und sonstigen Anstrengung hat es bedurft, dass ich diese Dinge jetzt zur Verfügung habe? Kenne ich einen dieser beteiligten Menschen persönlich? Empfinde ich ihm gegenüber oder auch den anderen, mir nicht persönlich bekannten Menschen, die Anteil daran haben, dass ich dies zur Verfügung habe, ein Gefühl von Dankbarkeit? Wie drücke ich es aus?
Untersuchen Sie die Dinge, die Ihnen in der jeweiligen Situation eingefallen sind, einmal ganz genau. Betrachten Sie sie

mit einem frischen Blick, einem, der nicht immer alles schon weiß und kennt. Was sehen Sie? Was fühlen Sie? Was ist das Neue am Altvertrauten? Halten Sie während des Tages immer wieder einmal inne. Nehmen Sie den Dingen, die sie umgeben, die Sie nutzen, das Selbstverständliche, Altbekannte. Sehen Sie sie in neuem Licht. Lassen Sie sich von Ihnen ver-wundern, überraschen.

Sich von den Dingen, auch den längst bekannten, in Verwunderung und Erstaunen versetzen zu lassen ist eine Haltung, die sich am ehesten noch bei kleinen Kindern finden lässt, die mit ihrer Neugierde, ihrer Entdeckerfreude die Welt erforschen und sich von ihr in Entzücken versetzen lassen. Und auch wenn diese Neugierde, diese grenzenlose Offenheit und Entdeckerlust in unserem Erwachsenenleben oft arg verschüttet ist und nur noch eine sehr rudimentäre Rolle spielen mag, können wir sie jederzeit wieder aktivieren und die Welt ab und zu ganz bewusst mit kindlich »unschuldigem« Blick betrachten. Dies verschafft uns einen neuen Zugang zur eigenen Lebendigkeit und ermöglicht uns eine Erfahrung, die auch für die Dankbarkeit entscheidend ist: die der Fülle der Welt.

Im ersten Teil des Buches geht es im Kapitel »Achtsame Entdeckungsreisen durch die Welt der Sinne« darum, wie wir durch die Sinne, die uns so vertraut scheinende Welt neu entdecken und erfahren können. Diese Übungen wollen dazu anregen, die Sinneserfahrungen näher zu erforschen und auszuloten, welche Erlebniswelten sie uns ermöglichen jenseits unserer Konzepte und Gedankenwelten. Sie sind auch für den Weg der Dankbarkeit überaus fruchtbar. Wir beziehen dabei besonders den Aspekt der Wertschätzung für unsere Sinne und das, was sie uns zugänglich machen, mit ein: Ist es nicht wunderbar, dass wir sehen, hören, riechen, schmecken, berühren können? Ist es nicht erstaunlich, was wir sehen, hören, riechen, schmecken, berühren? Ist es nicht das größte Wunder, dass wir überhaupt etwas sehen, hören, riechen, schmecken, berühren? Dass es Lebensformen gibt, die sehen, hören, riechen, schmecken, berühren können? Dass es Lebensformen wie uns Menschen gibt, die wissen, dass sie sehen, hören, riechen, schmecken, berühren können. Dass es »mich« oder Sie gibt, die sehen, hören, riechen, schmecken, berühren können. Ist es nicht das allergrößte Wunder, dass es überhaupt etwas gibt? Dass es nicht einfach nichts gibt? Eine Tatsache, die uns immer wieder in ehrfürchtiges Erstaunen und philosophische Betrachtungen versetzen kann, ist sie doch letztlich die unerwartetste aller Überraschungen.

Die uns so vertraute Welt, unser alltägliches Leben zu Entdeckungsorten für Überraschendes zu machen ist gar nicht so schwierig und bedarf keiner besonders ausgeklügelten Fantasie. Es verlangt einfach, innezuhalten, hinzuschauen und sich immer wieder neu verzaubern zu lassen. Doch ist dies leichter gesagt denn getan, stehen dem doch unsere mehr oder weniger stark ausgeprägten Gewohnheitstendenzen, mehr träumend als wach durch das Leben zu gehen, im Wege. Nicht nur ein achtsames, sondern auch ein dankbares Leben verträgt sich schlecht mit dem Hamsterrad geschäftiger Getriebenheit. Auch auf dem Weg der Dankbarkeit ist es also wichtig, immer wieder innezuhalten, uns zu entschleunigen, im Hier und Jetzt wirklich anzukommen und uns dafür die notwendigen Auszeiten zu nehmen.

Übung: Sie können sich am Morgen, noch vor dem Aufstehen oder nach einer Meditation, fragen, wovon Sie sich heute überraschen, in Verwunderung versetzen lassen wollen.

Suchen Sie sich dafür zum Beispiel einen Sinnesbereich aus, auf den Sie an diesem Tag besonders Ihr Augenmerk richten wollen. Sich öffnen wollen für Überraschungen im Bereich des Sehens, Hörens, Riechens, Schmeckens, Berührens. Dies kann der Auftakt zu einer inspirierenden Entdeckungsreise durch Ihre Sinne sein. Halten Sie während des Tages immer wieder einmal inne, richten Sie Ihre Aufmerksamkeit zunächst auf den Atem, um sich mehr in der Gegenwart zu verankern, und lassen Sie sich dann mit offenen Sinnen von dem, was Sie umgibt, überraschen, er-staunen, ver-wundern. Schauen Sie sich am Abend noch einmal an, wohin Ihre Reise Sie geführt, welche Überraschungen der Tag für Sie bereitgehalten hat.

Überraschungen erleben wir vor allem dann, wenn wir den Dingen nicht mit Erwartungen begegnen. Auch dies ist ein reiches und lohnendes Feld für Experimente. Wenn wir es nicht für selbstverständlich halten, dass der Bus pünktlich fährt, wir einen Platz bekommen, das Auto anspringt, die Verkäuferin freundlich ist, die Freundin Zeit für uns hat, der Partner liebevoll, die Arbeit allzeit interessant, der Film spannend, das Essen lecker, das Wetter gut ist – dann überraschen uns diese Dinge, und wir erleben Gefühle der Dankbarkeit und Freude dafür, dass der Bus pünktlich fährt, wir einen Platz bekommen, das Auto anspringt, die Verkäuferin freundlich ist, die Freundin Zeit für uns hat, der Partner liebevoll, die Arbeit interessant, der Film spannend, das Essen lecker, das Wetter gut ist.

Übung: Experimentieren Sie mit Ihren Erwartungen auf die unterschiedlichsten Dinge bezogen. Versuchen Sie einmal die Erwartungen, wie etwas ihrer Meinung zu funktionieren hat, wie Menschen ihnen begegnen sollten, loszulassen. Was geschieht? Wie erleben Sie die Situationen? Gehen Sie dann ins andere Extrem und formulieren Sie ganz klare, aber deutlich überzogene Erwartungen. Wie erleben Sie dann solche Situationen? Können Sie sehen, wie sehr Ihr Erleben und Ihre Stimmungen von Ihren jeweiligen Erwartungshaltungen geprägt werden?

Oft ärgern wir uns über Dinge, die nicht so klappen, wie wir uns das vorgestellt haben, über Menschen, die sich anders verhalten, als wir uns das wünschen: Der Zug fährt uns vor der Nase weg; das Gespräch mit der Freundin, die wir lange nicht gesehen haben, langweilt uns schon bald; das Essen, auf das wir uns so gefreut haben, schmeckt fad. Erkennen wir, dass hinter unseren Frustrationen letztlich ent-täuschte Erwartungen, also Täuschungen, stehen, mindert das in der Regel schon unseren Ärger, denn unser Blick umfasst nun nicht mehr nur das vermeintlich Schiefgegangene, sondern auch unsere entsprechende Erwartung, unsere Täuschung – und die liegt ausschließlich in unserer Hand beziehungsweise unserem Denken. Es ist schlichtweg angenehmer, sich darüber zu freuen, dass es nicht regnet, als sich darüber zu ärgern, wenn es regnet, weil man erwartet, dass es gerade dann nicht regnen soll, wenn es einem nicht passt.

»Überraschung ist wie ein Samen, aus dem die Dankbarkeit erwächst, wenn wir zu der Herausforderung der Überraschung erwachen«, sagt Bruder David Steindl-Rast. »Jede Überraschung ist eine Herausforderung, dem Leben zu vertrauen und so zu wachsen.«[47]
Die Herausforderung der Überraschung besteht darin, dass wir erkennen und anerkennen müssen, dass, weil nichts selbstver-

ständlich ist, alles, was wir erleben, dem wir begegnen, ein Geschenk ist, ein Geschenk, das uns gegeben wurde und auf das wir eine Antwort finden sollten. Die natürliche Reaktion auf ein Geschenk ist Dankbarkeit.

Wegbereiter: Bruder David Steindl-Rast

Ein dankbares Leben ist ein einfaches Leben.
Dankbarkeit hilft uns, unser Leben zu vereinfachen.
BRUDER DAVID

Lange mussten die Organisatoren und Teilnehmer des Kongresses »The Spirit of Peace« in Amsterdam nach Bruder David Steindl-Rast suchen. Für diese Veranstaltung, die ursprünglich in einem anderen Land stattfinden sollte, war erst kurzfristig ein Ort für die Eröffnungszeremonie gefunden worden, eine große Kirche, die Raum für Tausende von Teilnehmern bot, die erwartet wurden. Doch drohte anfangs alles im Chaos zu versinken, da sich die spirituellen und weltlichen Würdenträger nicht darauf einigen konnten, wer wie lange reden, vorne oder hinten und neben wem stehen oder sitzen sollte. In diesem Jahrmarkt der Eitelkeiten erwies sich Bruder David als der ruhende und ordnende Pol, der sanft, aber bestimmt den Ablauf und die Rolle der Einzelnen festlegte und so für eine harmonische und feierliche Eröffnung sorgte. Als sich nach Abschluss der Veranstaltung viele bei ihm bedanken wollten, war er verschwunden. Sein Freund Vanja Palmers, der diese Geschichte in der Hommage an David Steindl-Rast anlässlich seines 80. Geburtstages *Die Augen meiner Augen sind geöffnet* erzählt, fand ihn schließlich, wie er die Toiletten der Kirche putzte, da sie am nächsten Morgen den Gläubigen wieder sauber zur Verfügung stehen sollten. Für ihn war dies ganz selbstverständlich.

Bruder David Steindl-Rast, am 12. Juli 1926 in Wien geboren, erlebte seine Jugendjahre im zunächst von Hitlerbegeisterung, Aufmärschen der Nazis und Kriegspropaganda, später dann von Krieg, Bombenangriffen und Zerstörung heimgesuchten Wien. Im Angesicht des allseits gegenwärtigen Todes wurde ihm schon früh die immense Kostbarkeit und Zerbrechlichkeit des Lebens bewusst, wurde ihm augenfällig, welch wertvolles Gut Frieden ist, für das er sich dann zeit seines Lebens einsetzte. Als zu Beginn des zweiten Irakkrieges 2003 die ersten Bomben auf Bagdad fielen, stellte er sich in Ithaca, seinem amerikanischen Heimatort, mit einem Plakat an eine vielbefahrene Kreuzung, auf dem stand: »Bombing Bagdad is Mass Murder.« Auch mit über achtzig ist es ihm noch wichtig, sich einzumischen. »Ich engagiere mich politisch fast jeden Tag. Das Internet gibt mir hierfür viele Möglichkeiten; ich verschicke Aufrufe, unterzeichne Petitionen und verbreite Informationen. Das enthebt mich aber nicht davon, immer wieder persönlich zu demonstrieren. Das ist mir nach wie vor wichtig – auch wenn ich jetzt allmählich etwas alt dafür werde.«[48]

Er studierte Kunst, Anthropologie und Psychologie und schloss mit einer Promotion ab. 1952 folgte er seiner Familie in die USA und trat 1953 in das neugegründete Benediktinerkloster Mount Savier ein. Schon bald interessierte er sich für andere religiöse Traditionen und Ausdrucksformen, vor allem für den Buddhismus, und für den Dialog mit ihnen, und begann, Zen bei so berühmten japanischen Zen-Meistern wie Hakkuun Yasutani, Soen Nakagawa, Shunryu Suzuki und Eido Shimano zu üben. Zeitweilig hatte er das Gefühl, seine Meditationspraxis werde durch die Strenge und die Rituale des benediktinischen klösterlichen Lebens behindert, doch wurde ihm dann von seiner Gemeinschaft eine gewisse Freiheit gewährt, und er konnte sich nun ganz offiziell mit dem Studium und der Praxis des Buddhismus befassen. Und er erhielt die Erlaubnis, für einige Zeit in einem Zen-Kloster zu leben und zu praktizieren. In den vielen Verneigungen der Mönche – voreinander, vor den Statuen des Buddha und der Bodhisattvas, der Tee- oder Essensschale, dem Sitzkissen, den Arbeitsgeräten und so weiter – erfuhr er eine Dimension der Dankbarkeit, die für ihn zu einem immer wichtiger werdenden Aspekt des spirituellen Lebens, des Lebens überhaupt, werden sollte. »Das dankbare Leben ist die große Frucht meiner Begegnung mit dem Buddhismus«, so Bruder David in seinem Gespräch mit Christa Spannbauer.

Intensiv engagierte er sich im interreligiösen Dialog und war Mitbegründer des Centre for Spiritual Studies. Gemeinsam mit dem bekannten Trappistenmönch und Pionier solcher Dialoge Thomas Merton beteiligte er sich maßgeblich an der Gründung von »Häusern des Gebets«, die Ordensleuten die Möglichkeit geben, ihre religiöse Praxis durch Elemente aus anderen spirituellen Traditionen zu bereichern und vertiefen. Nicht zuletzt seinem Einfluss ist es zu verdanken, dass Zen heute in vielen christlichen Klöstern in den USA praktiziert werden kann.
Jahrzehntelang reiste er unermüdlich für Vorträge, Seminare und Workshops durch die Welt. Lange Jahre war er regelmäßig als Dozent bei der Sommerakademie der ETH Zürich im italienischen Cortona, wo sich in interdisziplinären Konferenzen Naturwissenschaftler mit Humanwissenschaftlern, Künstlern und Therapeuten zum Dialog trafen. In den Neunzigern unterrichtete er zudem im Esalen Institute im kalifornischen Big Sur und stand dort mit vielen namhaften Wissenschaftlern und führenden spirituellen Persönlichkeiten in Kontakt und regem Austausch.

Immer klarer schälte sich für Bruder David im Laufe der Jahre heraus, dass Dankbarkeit viel mehr ist als ein bloßes »Beiprodukt« religiöser Praxis. Dankbarkeit steht für ihn im Zentrum jeder religiösen Tradition. Und damit vermag sie die verbindende Brücke zwischen Religionen und damit zwischen Menschen zu sein. Dankbarkeit ist für Bruder David Lebenspraxis und Lebenskunst in einem, ein eigenständiger spiritueller Weg, den Menschen jedweder spirituellen Richtung oder auch ohne Verankerung in einer bestimmten Tradition gehen können.

Die Welt in Dankbarkeit verbinden, das ist Bruder Davids großes Anliegen, das er auch mit modernen Medien zu verwirklichen sucht. Mittlerweile lebt er die größte Zeit des Jahres in einer Einsiedelei. Dort arbeitet er an der von ihm ins Leben gerufenen interaktiven Website – www.gratefulness.org –, die täglich von Tausenden Menschen aus der ganzen Welt besucht wird und die Dankbarkeit und Verbundenheit konkret stärkt und inspiriert. Man findet dort inspirierende Weisheitstexte zum Thema Dankbarkeit und Freude, aber auch konkrete Anregungen, wie diese im Alltag und unter schwierigen Bedingungen zu verwirklichen sind. Man kann virtuell ein Labyrinth durchschreiten, Grußkarten an Freundinnen und Freunde verschicken, mit anderen gemeinsam beten und meditieren – und man kann Kerzen anzünden, die erst nach 24 Stunden heruntergebrannt sind (und der Docht flackert sogar!). Man kann dem eine kleine Notiz beifügen, warum man diese Kerze entzündet hat, oder jemandem direkt eine Nachricht senden, dass man für ihn oder sie eine Kerze entzündet hat. Ein Ritual des 21. Jahrhunderts, wie Bruder David sagt, und Rituale dieser Art hält er für sehr wichtig in unseren so ritualarmen Zeiten. Diese Arbeit an der Website gibt ihm die Möglichkeit, in Abgeschiedenheit zu leben und gleichzeitig mit Tausenden von Menschen in Kontakt zu sein. Und so »webt Bruder David an einem weltweiten Netz des dankbaren

Lebens, das alle Menschen und Religionen eint«[49] und die Welt in Dankbarkeit verbindet.

2007 beim »Waldzell Meeting« im Benediktinerstift Melk, einer vom Dalai Lama eröffneten Zusammenkunft namhafter Vertreter aus Politik, Wirtschaft und Spiritualität zum Thema »Was bleibt? Was werden wir der nächsten Generation hinterlassen«, ertönen aus dem großen Versammlungssaal seltsame Klänge durch die geschlossenen Türen. Auf der Bühne steht ein hochgewachsener, schlanker Mann in schwarz-weißem Habit und dirigiert mit lebhaften, ausholenden Armbewegungen, ab und zu für eine Korrektur unterbrechend, die im Saal versammelten Honoratioren, den Kanon »Froh zu sein bedarf es wenig« zu singen. Alle singen mit, und die gefühlte Temperatur im Raum ist nach einigen weiteren gemeinsam gesungenen Kanons merklich gestiegen.

»Froh zu sein bedarf es wenig«, singt auch eine Gruppe in ganz anderer Besetzung, an einem ganz anderen Ort der tunesischen Sahara. Eine Woche in der Wüste, umsorgt von Beduinen, sitzen wir morgens und nachmittags im Kreis mit Bruder David im Sand, singen Kanons und lauschen seinen Worten über die Dankbarkeit als Übungsweg, seinen deutschen und englischen Rezitationen von Rilke-Gedichten sowie seinen Erläuterungen dazu. Diese Szenerie könnte sich genauso (bis auf die Rilke-Gedichte) auch zu ganz anderen Zeiten, vielleicht vor 2000 Jahren, abgespielt haben. Weisheitssuchende sitzen in der Weite der Wüste um einen Lehrer herum, versuchen das aufzunehmen und zu begreifen, was er sagt, lernen aber mindestens genauso viel von seinem Verhalten, von dem, was er verkörpert. Nach einem Vortrag stehen einige von uns noch beieinander, versuchen zusammenzutragen, was Bruder David über bestimmte Aspekte der Dankbarkeit oder ein bestimmtes

Rilke-Gedicht gesagt hat, und obwohl einige mitgeschrieben haben, können wir uns nicht einig werden. So entstehen die ersten Interpretationen von Lehren, kommt mir in den Sinn, aus denen oft genug Streitereien bis hin zu Glaubenskriegen folgen. Doch können wir uns auch nicht einig werden, wie dieser oder jener Aspekt der Dankbarkeit zu verstehen ist, so sind wir uns doch alle einig, dass wir zumindest immer dann eine Ahnung von der tiefen Dimension der Dankbarkeit erfahren, wenn wir Bruder David beobachten: wie er sich anderen im Gespräch zuneigt, wie er mit den Beduinen kommuniziert, deren Sprache er nicht spricht, wie er sich für das gereichte Essen, den Tee bedankt, wie er uns beim Einüben eines neuen Kanons anleitet oder wenn wir abends im flackernden Schein des Feuers seine Augen, seinen Blick sehen. Einmal reibt ihm Anthony, sein Begleiter, am Morgen das Gesicht und den Hals so ungemein sorgsam und zart mit Sonnenmilch ein, und ein Feld von Respekt, Liebe und Dankbarkeit wird so deutlich spürbar, dass es mich, die diese Szene beobachtet, tief berührt und ich das Bild noch immer genau vor Augen habe.

Alles sind Geschenke an uns

»Was für ein schöner Tag!«, »Was für ein Geschenk!«, war früher ein häufiger, freudiger Ausruf meiner Mutter an Sonntagvormittagen, an denen das schöne Wetter einen Familienausflug, eine Wanderung, angezeigt scheinen ließ. Da es für meine Eltern eigentlich nie schlechtes, zum Wandern ungeeignetes Wetter gab, außer es regnete in Strömen, waren Sonntage für sie meist Geschenke, eine Ansicht, die wir Kinder ab einem gewissen Alter nicht mehr teilten, wollten wir doch lieber in unserem

Zimmer bleiben, lange schlafen und Musik hören. Zeitweilig war mir der Ausruf »Was für ein Geschenk!« regelrecht verhasst, und ich reagierte darauf mit besonders schlechter Laune.
Erst als Erwachsene erlebe auch ich diesen Impuls, freie Tage, schönes Wetter und manches andere mehr, das ich als sehr angenehm, vielleicht unerwartet und als nicht eigener Anstrengung und Leistung zuzurechnen erfahre, mit dem Ausruf »Was für ein Geschenk!« zu kommentieren.

Bestimmte Begegnungen, Ereignisse und Gegebenheiten als Geschenke wahrzunehmen und zu empfinden ist eine Erfahrung, die sicher die meisten von uns kennen. Begreifen wir Dankbarkeit als einen Übungsweg, können wir lernen, das Spektrum dessen, was wir als Geschenk ansehen, mehr und mehr zu erweitern, bis wir schließlich alles, auch schwierige Erfahrungen, als Geschenk annehmen können. Uns von dem, was uns begegnet, überraschen zu lassen, haben wir als ersten Schritt dazu kennengelernt. Dadurch verlieren die Dinge ihre Selbstverständlichkeit, und in dieser Wiederverzauberung der Welt treten sie uns als Geschenke entgegen. Wir entdecken, wie viel uns gegeben ist, einfach gegeben, geschenkt, ohne dass wir dafür auch nur das Geringste tun müssten, ohne dass von uns eine Gegenleistung eingefordert wird. So viel ist einfach da für uns, steht uns zur Verfügung!
Schauen wir diesen Aspekt näher an, können wir unmittelbar unsere Verbundenheit, die wechselseitige Abhängigkeit, durchschimmern sehen, die unser Leben letztlich ausmacht.
So vieles, das uns umgibt, das uns nährt, das uns trägt, steht uns zur Verfügung, ohne dass wir etwas dafür getan haben. Ja, auch unser Leben verdanken wir nicht uns selbst!
»Sobald unser Intellekt den Geschenkaspekt der Welt zu erkennen und unser Wille ihn anzuerkennen lernt, und wenn unsere Gefühle ihn zu würdigen lernen, wird unser Wachsein im-

mer weitere Bereiche unserer Welt mit Leben erfüllen. Ich sehe das Bild der sich ausdehnenden kleinen Wellen auf einem Teich vor mir. Der Kiesel, der sie auslöste, ist die kleine Überraschung. Und mit der Ausdehnung der kleinen kreisförmigen Wellen werden wir lebendig. Am Ende wird Dankbarkeit unsere uneingeschränkte Lebendigkeit angesichts einer geschenkhaft gegebenen Welt sein.«[50]

Übung: Halten Sie während des Tages immer wieder einmal inne und verankern Sie sich mit einigen bewussten Atemzügen in der Gegenwart. Fragen Sie sich, welche Geschenke ihnen heute bereits gemacht worden sind? Durch Ihnen vertraute Menschen, durch fremde Menschen, Tiere, Ihre Umgebung, die Natur, das Wetter? Haben sie diese Geschenke schon in der jeweiligen Situation als solche wahrgenommen oder erst jetzt bei der Rückbesinnung? Wie haben Sie sich gefühlt? Freudig, dankbar, neutral, beschämt? Wie haben Sie reagiert?
Stellen Sie diese Betrachtung auch am Ende eines Tages noch einmal an, wenn Sie den gesamten Tag Revue passieren lassen. Welche Geschenke haben Sie heute empfangen? Wofür waren Sie dankbar? Wofür besonders? Wofür nicht? Gab es ein Geschenk, das Sie so noch nie zuvor erhalten haben? Gab es etwas, für das Sie noch nie zuvor dankbar waren?

Sich Erfahrungen zu vergegenwärtigen, für die wir dankbar oder sogar besonders dankbar gewesen sind, hilft uns, die Dimension der Dankbarkeit tiefer in unserem Alltagsbewusstsein zu verankern.
Von dem israelisch-amerikanischen Psychologen und prominenten Vertreter der Positiven Psychologie Tal Ben-Shahar

stammt die Idee eines *Dankbarkeitstagebuchs*, in dem man sich jeden Abend mehrere Dinge notiert, die einem am Tage widerfahren sind und für die man dankbar ist. Das müssen keine großartigen Dinge, sondern können ganz alltägliche sein, die uns ansonsten oft nicht lange im Gedächtnis bleiben: die Frau an der Kasse des Supermarktes, die uns freundlich angelächelt und noch einen schönen Tag gewünscht hat; der Busfahrer, der die Tür extra noch einmal für uns geöffnet hat, obwohl er schon abfahrbereit war; das leckere Mittagessen in der Kantine; die Postbotin, die uns mit einem flotten Spruch einen lang erwarteten Brief überreicht.

2002 wurde an der Universität von Miami von Mike McCullough und Robert Emmons eine breit angelegte Studie durchgeführt, bei der die Versuchspersonen in drei Gruppen eingeteilt wurden. Alle Teilnehmer mussten ein Tagebuch führen, nur die Schwerpunkte waren jeweils andere. Die eine Gruppe schrieb über das ganz normale Alltagsgeschehen, eine andere über allgemeine Lebensereignisse und die dritte gezielt über Ereignisse, für die sie dankbar war. Schon nach zwei Wochen waren die Werte der »Dankbarkeitsgruppe« in den Bereichen »Glück und Zufriedenheit« signifikant höher als in den anderen Gruppen.

Ein solches Dankbarkeitstagebuch zu führen ist ein ausgezeichnetes und sehr wirkungsvolles Instrument, die Ausrichtung auf Dankbarkeit als Lebenshaltung, als Weg zu stärken und die Bedingungen für Glück und Zufriedenheit zu fördern.

Erfahrungen von Dankbarkeit sind wichtige Orientierungspunkte auch in schwierigen Zeiten. In Zeiten, in denen wir glauben, dass uns eigentlich nichts geschenkt wird und wir keinerlei Grund zur Dankbarkeit sehen, können sie uns wertvolle Erinnerung sein.

Übung: Nehmen Sie sich etwas Zeit und erinnern Sie sich an dankbare Momente in Ihrem Leben. Wodurch zeichneten sich diese aus? Worin bestand das jeweilige Geschenk? Wie haben Sie sich gefühlt? Wie haben Sie reagiert? Wie fühlen Sie sich jetzt, da Sie sich an diese Momente erinnern? Experimentieren Sie damit, sich während des Tages immer wieder einmal solche vergangenen Momente der Dankbarkeit zu vergegenwärtigen. Verändert das etwas an Ihrer Gemütslage? Können Sie sich daran auch in schwierigeren Lebenssituationen erinnern, und erleben Sie das als hilfreich? Sollten Sie bereits ein Dankbarkeitstagebuch führen: Hilft es Ihnen, darin zu lesen, wenn es Ihnen nicht gutgeht, sie sich deprimiert oder verzweifelt fühlen?

Üben wir uns darin, zumindest einige Male am Tag den Schleier unserer Routinen und Tagträumereien zu lüften und wach und gegenwärtig dem Leben gerade *jetzt* zu begegnen, dann erfahren wir solche Momente und das, was sie beinhalten, mehr und mehr als Geschenk, und dies erweckt unsere Lebensfreude und Dankbarkeit. Geschenk bedeutet Gelegenheit, und »Gelegenheit ist das Geschenk, für das alle anderen Geschenke nur Verpackung sind. Und hier ist das Erstaunliche: In 99 von 100 Fällen wird uns schlicht und einfach die Gelegenheit geschenkt, uns zu freuen. Es fragt sich nur, nehmen wir diese Gelegenheit überhaupt wahr? Meistens wohl nicht. Ein Grund dafür ist dieser: An schwierigen Tagen stehen unsere Schwierigkeiten so im Vordergrund, das wir alles andere übersehen. Der tiefere Grund ist aber, dass wir einfach nicht gewohnt sind, auf die uns geschenkten Gelegenheiten zu achten; auch an unseren fröhlichen Tagen nehmen wir alles ganz undankbar als selbstverständlich hin.«[51]

Das, was uns widerfährt, als geschenkte Gelegenheiten zu begreifen, ist ein weiterer und sehr tragfähiger Baustein für den

Pfeiler der Dankbarkeit. Wichtig dabei ist, diese Gelegenheiten nicht nur als solche zu be-greifen, sondern sie auch als solche zu er-greifen und zu nutzen.

> **Übung:** Fragen Sie sich während des Tages ab und zu, welches Geschenk im Geschenk des gegenwärtigen Moments enthalten ist, welche Gelegenheit? Wie und wozu können Sie diese Gelegenheit nutzen? Um sich daran zu erfreuen? Um dankbar dafür zu sein? Um sich oder etwas anderes in neuem Licht zu sehen? Um etwas zu lernen? Um zu handeln? Anderen Freude zu bereiten, etwas zu geben?
> Fragen Sie sich abends, wenn Sie vor dem Schlafengehen den Tag noch einmal an sich vorbeiziehen lassen, welche neuen Gelegenheiten Ihnen dieser Tag geboten hat und wie Sie diese genutzt haben oder noch nutzen können? Haben Sie Dankbarkeit empfunden? Welche Gelegenheiten haben Sie einfach verstreichen lassen oder schlichtweg verpasst, weil Sie mit Ihrer Aufmerksamkeit nicht dabei waren?

Bruder David spricht in diesem Zusammenhang von einem dreifachen Schritt, den wir, wie er sagt, auf eine Kurzformel bringen können, die Kindern zur Überquerung von Straßen beigebracht wird: Anhalten, Schauen, Gehen.

1. Habe ich heute innegehalten, um mich überraschen zu lassen, oder war ich zu beschäftigt, abgelenkt umtriebig und geschäftig?
2. Und wenn ich innegehalten habe, habe ich nach der Gelegenheit des jeweiligen Moments geschaut? Oder habe ich den Umständen erlaubt, mich von dem Geschenk innerhalb des Geschenks abzulenken? (Das geschieht leicht, wenn die Geschenkverpackung nicht sehr verlockend ist.)
3. War ich schließlich aufmerksam genug, von der mir gebotenen Gelegenheit Gebrauch zu machen?[52]

Fällt es uns vielleicht nicht so arg schwer, Angenehmes als Geschenk zu sehen, für das wir dankbar sind – und je mehr wir Dankbarkeit zu einem Übungsweg für uns machen, umso mehr Dinge und Begegnungen werden wir als angenehm erfahren –, so kann das schon ganz anders aussehen, wenn wir mit für uns Unangenehmem, Schwierigem konfrontiert sind. Doch je wacher wir für die vielen Gelegenheiten sind, die uns einfach Freude und Dankbarkeit empfinden lassen, desto leichter wird es uns fallen, auch schwierige oder leidvolle Erfahrungen als Gelegenheiten, als Geschenke zu sehen.

Aber ist es nicht eine Überforderung, schmerzhafte Erfahrungen, Verletzungen, Kränkungen, Arbeitslosigkeit, Krankheit als Geschenke zu sehen? Sind es nicht Geschenke, deren Annahme wir nur zu gern verweigern oder die wir am liebsten schnellstmöglich wieder loswerden wollen. Für Schmerzhaftes, für Krankheit als solche können wir, wie Bruder David sagt, nicht dankbar sein (manche können wohl sogar das, vor allem dann, wenn sie es als »Prüfung« oder »gerechten Ausgleich« verstehen). Doch was wir können, ist, auch in solchen Geschehnissen und Erfahrungen, die ja nun einmal da sind, nach den Gelegenheiten, die sie uns bieten, zu forschen – und für diese *Gelegenheiten* dankbar zu sein. Wenn wir unser bisheriges Leben betrachten, erkennen wir vielleicht, wie gerade Schwieriges und Schmerzhaftes sich oft für gewisse Entwicklungen, die wir heute gar nicht mehr missen wollen, als unabdingbar herausgestellt haben. Auch wenn wir auf manche Erfahrung sicher gerne verzichtet hätten, wären wir ohne sie nicht das, was wir heute sind. Das Schwierige, Leidvolle, gab uns die Gelegenheit, zu lernen, zu wachsen, hat uns Wege einschlagen lassen, die wir sonst nicht gegangen wären, uns mit Menschen zusammengebracht, die wir sonst nie kennengelernt hätten. Doch auf das ein oder andere hätten wir, wenn wir ehrlich sind, vielleicht trotzdem gerne verzichtet; und hier sollten wir bedenken, dass Dankbarkeit, als Lebenskunst betrachtet, ein Übungsweg ist und keine dogmatische Lehre. Sie soll uns helfen, mehr Freude und Glück in unserem Leben zu verwirklichen, indem sie uns immer wieder auf die Fülle verweist, die uns umgibt; sie ist nicht dazu gedacht, dass wir uns durch überzogene Ansprüche an uns selbst unter Druck setzen und unglücklich machen.

Übung: Schauen Sie sich Erfahrungen, Ereignisse und Erlebnisse Ihres Lebens an, die für Sie zum damaligen Zeitpunkt schwierig oder schmerzhaft waren. Können Sie aus der jetzigen Perspektive sehen, welche Gelegenheiten und Chancen, welche Geschenke darin enthalten waren? Haben Sie das damals schon so gesehen? Wenn nein, wieso ist das heute für Sie anders? Haben Sie die Chancen damals nutzen können? Wohin haben diese Sie geführt? Welche neuen Wendungen haben sie Ihrem Leben möglicherweise gegeben? Können Sie heute dafür dankbar sein?
Haben Sie den Menschen, die Ihnen diese schmerzhaften Erfahrungen möglicherweise zugefügt haben oder dazu beigetragen haben, verzeihen können? Tragen Sie immer noch Groll in sich? Wodurch wird er immer wieder geweckt und genährt? Durch Gedanken an die Kränkung, die Ihnen zugefügte Verletzung? Wann tauchen diese Gedanken in ihnen auf, was sind die Auslöser? Suchen Sie sie bewusst oder werden Sie von ihnen überrascht. Was machen Sie mit solchen Gedanken?
Was empfinden Sie, wenn Sie sich darauf ausrichten, die schmerzhaften Erfahrungen als Gelegenheiten, als Chancen zu sehen?

Schwierige Situationen als Gelegenheiten zu verstehen und dafür dankbar zu sein bedeutet nicht, sie gutzuheißen und zum Beispiel Unrecht nicht mehr als Unrecht anzusehen. Es bedeutet nicht, sich die Welt »schönzureden«. Es bedeutet, die Situation zunächst einmal als solche anzuerkennen und zu akzeptieren. Sie ist einfach da, und sie nicht zu akzeptieren ist reine Zeit- und Energieverschwendung, eine Verschwendung, die wir oft bereitwillig in Kauf nehmen. Aus der Akzeptanz heraus können wir dann aber möglicherweise nach Wegen der Veränderung Ausschau halten und sie dann auch einschlagen. Wir verbringen oft viel mehr Zeit damit, uns gegen etwas zu wehren, mit etwas zu hadern, was aber nun mal geschehen ist, da ist, als uns daranzumachen, es zu verändern, falls das in unserer Hand liegt.
Dankbarkeit sollten wir aber auch nicht als Weichspüler oder Beruhigungsmittel verstehen, mit dem wir glauben, die Ungerechtigkeiten in dieser Welt nicht mehr sehen zu müssen und von ihnen berührt zu werden. Oder als Zuckerguss, den wir über schmerzvolle Erfahrungen und Bilder gießen, um uns das Leben zu versüßen.

Herr, gib mir die Gelassenheit, die Dinge hinzunehmen, die ich nicht ändern kann.
Verleihe mir den Mut, die Dinge zu ändern, die ich ändern kann.
Und schenke mir die Weisheit, das eine von dem anderen zu unterscheiden.
Gelassenheitsgebet

In einem vielbeachteten Essay mit dem Titel »Ein neuer Grund für Dankbarkeit«, der bereits kurz nach den Ereignissen des 11. September 2001 erschien, hat Bruder David die Chancen und Gelegenheiten dieser furchtbaren Geschehnisse als Weckrufe bezeichnet[53], in uns selbst die Samen von Hass und Gewalt zu erkennen und alles zu tun, die Spirale von Gewalt und Gegengewalt zu unterbrechen. Er hat sehr dafür plädiert, diese Weckrufe nicht zu überhören, und die Vision einer Bevölkerung entworfen, die aus einer Haltung der Dankbarkeit heraus nicht den Impulsen von Rache und Vergeltung folgt, sondern aus einem Willen zur Versöhnung heraus nach neuen Wegen der Verständigung sucht. Von den herrschenden Politikern wurde diese Chance vertan und die Dynamik von Gewalt und Gegengewalt weiter forciert, wie die Kriege im Irak und in Afghanistan tagtäglich zeigen, doch auch heute sind Weckrufe dieser Art, die »Apostel« Sloterdijks, an vielen Orten in der Welt zu vernehmen, und wir können die uns damit gebotene Gelegenheit auf vielfältigste Weise nutzen und – dafür dankbar sein.

Auch der Tod eines Menschen kann in diesem Sinne als Weckruf verstanden werden, als Ruf an uns Lebende, uns angesichts der nur allzu gern verdrängten Vergänglichkeit auf das zu besinnen, was wirklich wichtig ist im Leben, uns auszurichten auf das, was uns trägt. Im Tibetischen gibt es ein Sprichwort, das besagt: »Wenn wir abends ins Bett gehen, wissen wir nicht, was uns näher ist, der Morgen oder der Tod.«

Der Tod eines Menschen ist sein Geschenk an uns, uns von der Wahrheit dieser Aussage in unserem Innersten berühren zu lassen, in unserem Körper, unseren Gefühlen und Gedanken, und uns so für die Erfahrung der Flüchtigkeit des Lebens zu öffnen.

Bei einem Seminar mit Bruder David und Chungliang Al Huang 2008 in der Schweiz wurde Bruder David gefragt, wie man Dankbarkeit empfinde könne, wenn man krank sei und an schweren Schmerzen leide. In seiner Antwort betonte Bruder David, wie wichtig es sei, sich nicht zu überfordern und Dankbarkeit zu erzwingen. Doch könne man sich in Situationen wie diesen stets auch daran erinnern, mit wie vielen Menschen man einen solchen Zustand teile, mit wie vielen Menschen man also in einem solchen Zustand verbunden sei. Leiden könnten wir letztlich nicht dadurch überwinden, dass wir den Schmerz hinter uns lassen wollten, sondern indem wir zur Gegenwart des Schmerzes in der Welt erwachten und ihn mit anderen teilten. Und so verstanden führe Dankbarkeit immer auch zum Schmerz, denn sie führe uns in die Erfahrung der Verbundenheit mit anderen.

»Im stillen Zentrum unseres Herzens begegnen wir der Fülle des Lebens als einer großen Leere. Es muss so sein. Denn diese Fülle ist größer als alles, was das Auge gesehen und das Ohr gehört hat. Nur Dankbarkeit in der Form einer grenzenlosen Offenheit für Überraschung kann die Fülle des Lebens in Hoffnung erahnen.«[54]

Unseren Dank in die Welt bringen

Die Freude, tief Erfahrenes zu bringen,
hält jener anderen das Gleichgewicht,
in der, empfangend, Gutgewillte schwingen:
das sei der Dank, der überzeugend spricht.
RAINER MARIA RILKE

Der Zen-Meister Eido Shimano Roshi wird oft gefragt, wie Buddhisten die Frage beantworten, ob Gott existiert. Darauf antwortete er einmal:
»Neulich ging ich am Fluss entlang. Es war windig. Plötzlich dachte ich: ›Oh! Die Luft existiert ja wirklich!‹ Wir wissen, dass

die Luft da ist, doch solange uns der Wind nicht ins Gesicht bläst, sind wir dessen nicht gewahr. Hier aber, vom Winde umweht, wurde mir plötzlich bewusst, ja, die Luft ist wirklich da.
Und ebenso die Sonne. Ich wurde plötzlich der Sonne gewahr, die durch die kahlen Bäume schien. Ihre Wärme, ihr Glanz – all das ist vollkommen umsonst, vollkommen gratis. Es ist einfach da, damit wir es genießen können.
Und ohne dass es mir bewusst war, fanden, vollkommen spontan, meine beiden Hände zusammen, und ich merkte, dass ich Gassho machte. Und es kam mir der Gedanke: ›Nur darum geht es, nur darum, dass wir uns verbeugen können, tief verbeugen. Nur das. Nur das.‹«[55]

Dankbarkeit will nicht einfach nur als gutes Gefühl bewahrt und konserviert werden – was auch ein aussichtsloses Unterfangen wäre –, sie will zum Ausdruck gebracht werden, will sich im Handeln entäußern: Wir spüren den Impuls zu geben, anderen eine Freude, ja, sie glücklich zu machen, uns aus der erlebten Fülle heraus für die zu engagieren, die Not leiden und der Hilfe bedürfen. Bruder David nennt diese aktive Dimension der Dankbarkeit Danksagung. Dankbarkeit beinhaltet, die Fülle dieses Momentes zu sehen, aufmerksam zu sein für das, was uns entgegengebracht wird, zu erkennen, welche Gelegenheit, uns damit geboten wird. Danksagung stellt die angemessene Antwort auf diesen Moment, diese Gelegenheit dar. Dankbarkeit erfüllt und nährt uns, in der Danksagung wenden wir uns nach außen, werden aktiv. In der Danksagung strömt diese Energie der Dankbarkeit durch uns hindurch und verbindet uns in dieser Bewegung mit dem, was uns umgibt, mit dem Leben selbst. Danksagung ist gelebte Verbundenheit.
Dieser Energiefluss ist notwendig. Wir können nicht immer nur mehr und mehr Geschenke ansammeln, sondern müssen

den Fluss aufrechterhalten, dafür sorgen, dass er sich weder anstaut und wir verstopfen, noch dass er versickert und wir vertrocknen.

Es gibt so viele Antworten der Danksagung, wie es Gelegenheiten in den Geschenken der uns gegebenen Welt gibt. Wir finden die jeweils angemessene Antwort, wenn wir die Gelegenheiten selbst zu uns sprechen lassen.
Manchmal kann die angemessene Antwort reine Freude sein, die sich in einem Lächeln ausdrückt und die wir so in die Welt bringen; manchmal kann sie darin bestehen, einem alten Menschen über die Straße zu helfen, manchmal einer Kollegin aufmunternd zuzunicken, ein Kind zu trösten, Geld zu spenden, ein Gedicht zu schreiben, zu demonstrieren, zu umarmen, zu tanzen, zu lachen, zu weinen, zu protestieren, nichts zu tun und still zu sein, sich zu verbeugen.
Wir können uns unsere Antworten nicht im Vorhinein ausdenken oder sie standardisieren. Das wird nicht funktionieren. Aber je mehr Gründe zur Dankbarkeit wir finden – und wir werden damit nie zu Ende kommen –, desto drängender wird es uns sein, Formen der angemessenen Danksagung zu finden. Mehr und mehr werden wir uns damit beschäftigen, wie wir unseren Dank zum Ausdruck bringen, wie wir den Energiefluss von Empfangen und Geben durch uns hindurch aufrechterhalten können.

Übung: Welches sind Ihre hauptsächlichen Formen, Dankbarkeit zum Ausdruck zu bringen? Gegenüber Ihnen Nahestehenden. Gegenüber Menschen, mit denen Sie gelegentlich zu tun haben. Gegenüber Fremden. Gegenüber Tieren. Dingen. Der Natur. Können Sie sich neue, andere Formen vorstellen? Welche könnten das sein? Experimentieren Sie damit, Ihre Dankbarkeit gegenüber Partner, Partnerin, den Eltern, Kindern, Freundinnen und Freunden, Kollegen, Nachbarn, der Postbotin, der Kassiererin im Supermarkt einmal anders zum Ausdruck zu bringen. Wie könnte das im Einzelnen aussehen? Probieren Sie Unterschiedliches aus. Erweitern Sie Ihr Repertoire. Fügen Sie etwas dazu. Fügen Sie einem Danke ein Lächeln hinzu. Einem Lächeln einen Satz. Einem Satz eine Berührung. Oftmals werden Sie so ganz neue Gelegenheiten für Dankbarkeit und Freude in die Welt setzen und entdecken können.

Bringen wir unsere Dankbarkeit bewusster und vielleicht auch phantasievoller zum Ausdruck, können wir vielfach die Erfahrung von Dankbarkeits- oder Freudespiralen machen. Unsere Dankbarkeit löst in unserem Gegenüber Freude und Dankbarkeit aus, die er wiederum zum Ausdruck bringt, durch ein Lächeln, herzliche Worte, eine Tat, was wiederum bei uns die Dankbarkeit und Freude verstärkt, die wir erneut ... Unsere gezeigte Dankbarkeit kann auch Freude und Dankbarkeit bei unserem Gegenüber auslösen, die sie dann bei einem anderen Menschen zum Ausdruck bringt, was diesen wiederum anregt, seinerseits Freude und Dankbarkeit in die Welt zu setzen ... Auf diese Weise sind wir mit vielen Menschen in einem Netz der Dankbarkeit verbunden und haben es selbst in der Hand, diese Maschen mehr und mehr zu kräftigen.

Ein sehr wirkungsvolles Instrument dazu ist auch der *Dankesbrief.*

Übung: Schreiben Sie einem Menschen, dem Sie gern dafür danken wollen, was er für Sie getan hat, einen Brief, in dem

Sie Ihren Dank zum Ausdruck bringen. Führen Sie aus, was er für Sie getan hat, warum Sie ihm dankbar sind. Sie können diesen Brief tatsächlich abschicken; sollte Ihnen das aus irgendwelchen Gründen nicht möglich sein (weil Sie gar keine Adresse dieses Menschen haben, er Ihnen persönlich gar nicht bekannt ist, er bereits verstorben ist oder Ähnliches), schreiben Sie diesen Brief für sich und bewahren Sie ihn zum Beispiel in Ihrem Dankbarkeitstagebuch auf. Sie können einen solchen Brief an Menschen schreiben, bei denen es Ihnen leichtfällt, sich zu bedanken, bei denen Ihnen das ein inneres Bedürfnis ist; Sie können Ihr Spektrum für einen Dankesbrief aber mit der Zeit auch erweitern und Menschen einbeziehen, denen Sie für die Gelegenheit danken, die diese Ihnen mit den Schwierigkeiten, die sie Ihnen bereiteten, gegeben haben.

Betrachten wir Dankbarkeit als einen Übungsweg, so sehen wir, dass er meist schnell Resultate zeigt. Nehmen wir uns nur einen Tag lang vor, in unserem ganz alltäglichen Leben nach neuen Gelegenheiten zur Dankbarkeit und Danksagung Ausschau zu halten, wird das schon eine Wirkung zeitigen, meist stark genug, um uns zu ermutigen, diesen Weg fortzusetzen.

Dankbarkeit stärkt unser Gefühl der Verbundenheit, der wechselseitigen Abhängigkeit, der Bedingtheit unseres Lebens, und mit immer tieferer Wertschätzung für dieses verflochtene Netz namens Leben werden wir diese Verbundenheit als *Geborgenheit* erfahren. Dankbarkeit stärkt unser Vertrauen in das Leben, denn Dankbarkeit selbst ist Ausdruck des Vertrauens. Wir vertrauen darauf, dass wir wirklich ein Geschenk in den Händen halten und nicht etwa einen als Geschenk getarnten

Sprengsatz. Manchmal sind wir aufgrund vergangener Erfahrungen vielleicht zunächst sehr misstrauisch, fragen uns, wo der Haken bei der Sache ist, was der uns Beschenkende denn letztlich von uns will, da wir uns nicht so recht vorstellen können, dass jemand uns einfach so seine Freundlichkeit, Hilfsbereitschaft oder Ähnliches schenkt. Fragen uns, ob wir überhaupt gemeint sind oder nicht vielleicht doch andere, oder ob wir uns täuschen und einfach naiv sind. Doch je mehr wir uns auf die Dankbarkeit als Weg einlassen, desto sicherer werden wir uns in unserem Vertrauen fühlen. Und damit auch in unserem Mut und unserer Phantasie gestärkt, unsererseits jeder Menge Geschenke und Gelegenheiten in die Welt zu verhelfen.

Jeder Tag ein guter Tag

Meister Ummon sagt vor der Versammlung seiner Mönche: »Ich frage euch nicht nach dem Tag vor dem Fünfzehnten des Monats. Über die Tage nach dem Fünfzehnten dagegen möchte ich ein Wörtchen von euch hören.« In der Halle blieb es still. Keiner der Anwesenden sagte etwas. Da antwortete Meister Ummon selbst: »Jeder Tag ist ein guter Tag.«

Diese Zen-Geschichte ist ein berühmtes Koan, eines jener rätselhaften Aussprüche oder Dialoge der Zen-Meister, die nicht mit dem Verstand, sondern mit unserem Leben selbst zu ergründen sind. Der fünfzehnte Tag eines Mondmonats ist Vollmond, und der Vollmond ist ein Symbol für das Erwachen, die Erleuchtung. Ummon fragt also nach der Zeit, die auf die Erleuchtung folgt, doch niemand der Anwesenden weiß etwas dazu zu sagen. In seiner Antwort spricht er selbst dann aber gar nicht nur von den Tagen nach der Erleuchtung, sondern behauptet: »Jeder Tag ist ein guter Tag.« Das heißt, ob wir nun erleuchtet oder nicht erleuchtet sind, jeder Tag, ohne Unterschied, ist ein guter Tag. Dem mögen wir gern zustimmen, wenn die Dinge gut für uns laufen und wir viel Positives erleben. Doch was machen wir, wenn der Tag auch vieles andere, Ärger, Stress und wenig Angenehmes für uns bereithält, oder wenn wir arbeitslos werden, uns der Partner verlässt, wir schwer krank werden, ein uns Nahestehender stirbt? Dann ist unsere Kapazität, einen Tag als einen guten Tag zu sehen, manchmal sehr schnell erschöpft. Ist dann immer noch jeder Tag ein guter Tag? Zen-Meister Ummon bejaht diese Frage uneingeschränkt und zeigt in seiner Antwort auch, dass dies keine Frage spiritueller Einsichten oder Errungenschaften ist. Jeder Tag ist ein guter Tag! Es ist der in diesem Moment in diesem Netz der Bedingtheiten und Abhängigkeiten einzig mögliche Tag, es ist der bestmögliche Tag.

Die Zen-Lehrerin Doris Zölls erzählt gern die Zen-Geschichte eines Mannes, der auf dem Markt am Fleischstand etwas kaufen will und das beste Stück fordert. »Jedes Stück Fleisch hier ist das beste Stück«, antwortet ihm der Metzger.

Einzig unser Wunsch, die Dinge mögen anders sein, als sie sind, unsere Wertungen und Urteile, also unser voreingenommenes Denken, verhindern, dass wir jeden Tag als einen guten Tag *erleben*, dass wir in uns, in anderen Menschen, in den Dingen dieser Welt das in dem Moment Bestmögliche sehen, welches aber dennoch vielleicht der Veränderung bedarf.

Die Wege der Achtsamkeit, der Freude und der Dankbarkeit geben uns eine Vielzahl geeigneter Werkzeuge an die Hand, mit diesem Koan zu leben. Statt an Situationen zuerst das Schwierigste oder an Menschen das Schlimmste zu sehen, können wir Ausschau halten nach dem Besten in jeder Situation und in den Menschen, die um uns sind. Und aus dieser Sicht heraus unser Leben gestalten.

Anhang

Anmerkungen

1 Wilhelm Schmid, *Glück*, S. 31
2 Christa Spannbauer, *Im Hause der Weisheit*, S. 19
3 Es gibt eine wichtige Lehrrede des Buddha, das *Anapanasati Sutta*, die sich nur mit der Atemachtsamkeit beschäftigt. Siehe auch Thich Nhat Hanh, *Das Wunder des bewussten Atmens*.
4 Siehe z. B. http://www.sueddeutsche.de/kultur/749/447484/text/25/
5 Doris Zölls, Christof Zirkelbach, *Wie Zen schmeckt*
6 Doris Zölls, Christof Zirkelbach, *Wie Zen schmeckt*
7 Jon Kabat-Zinn: *Zur Besinnung kommen*, S. 221
8 Matthieu Ricard, *Glück*, S 197
9 Matthieu Ricard, *Glück*, S. 154
10 Siehe Fred von Allmen, *Buddhismus*, S. 90
11 Meher Baba, *Darlegungen über das Leben in Liebe und Wahrheit*, S. 233
12 Die deutschsprachige Ausgabe ist unter dem Titel *Aus Angst wird Mut* erschienen.
13 Siehe z. B. Zeitschrift Intersein, Heft 13/2009
14 Rainer Maria Rilke, Briefe an einen jungen Dichter, S. 23, zit. in Toni Packer, *Fragen in der Stille*, S. 5
15 Toni Packer, *Der Moment der Erfahrung ist unendlich*, S. 35
16 Ebenda, S. 35
17 Toni Packer, *Das Wunder des Jetzt*, S. 136
18 Jiddu Krishnamurti, *Das Licht in dir*, S. 12
19 Stanley Milgram erregte mit seinen 1960 bis 1963 in Yale durchgeführten Experimenten großes Aufsehen. Versuchspersonen sollten dabei einen angeblichen »Schüler« für Lernfehler mit Stromschlägen

zunehmender Stärke bestrafen. Die meisten von ihnen orientierten sich dabei nicht an den Schmerzensschreien der vermeintlich von ihnen Gequälten, sondern an den Anordnungen des Versuchsleiters. Stanley Milgram zeigte mit seinen Versuchsreihen, dass ganz normale Menschen (US-Amerikaner) bereit waren, andere mit lebensgefährlichen Stromstößen zu »bestrafen«, wenn eine Autorität behauptet, dies sei zu experimentellen Zwecken erforderlich. Siehe Stanley Milgram, *Das Milgram-Experiment*, Rowohlt, 1974

20 Sie finden sich in verschiedenen Büchern Thich Nhat Hanhs, z.B. in *Die fünf Tore zum Glück*.
21 Thich Nhat Hanh, *Die Welt ins Herz schließen*, S. 95
22 »Am Tanz des Lebens teilnehmen«, Interview mit der Tiefenökologin Joanna Macy in *Buddhismus Aktuell* Heft 3/2009, S. 7
23 Sylvia Wetzel, Wir gehen den Weg zum Wohle aller Lebewesen, in: Christa Spannbauer, *Im Hause der Weisheit*, S. 134
24 Ethan Nichtern, *Buddhismus 3.0*, S. 49
25 Thich Nhat Hanh, *Körper und Geist in Harmonie*, S. 89
26 Ethan Nichtern, *Buddhismus 3.0*, S. 19
27 Peter Sloterdijk, *Du mußt dein Leben ändern*, S. 709
28 Epikur, *Philosophie der Freude*, S. 44
29 Ebenda S. 44 u. 53
30 Verena Kast, *Freude, Inspiration, Hoffnung*, S. 52
31 Dies. S. 51
32 Ärztezeitung v. 1.4.2004 zit. In: Siehe Klaus-Dieter Platsch: *Das heilende Feld*, S. 158
33 Ebenda, S. 157
34 Sylvia Wetzel, *Leichter Leben*, S. 134 ff.
35 Verena Kast, *Freude, Inspiration, Hoffnung*, S. 57
36 Angelehnt an Verena Kast, S. 59
37 Dies. S. 62
38 Dies. S. 65
39 Siehe auch Sylvia Wetzel, *Hoch wie der Himmel, tief wie die Erde*, S. 54
40 Elisabeth Reisch, *Wünsche loslassen – das Leben gewinnen*, S. 58 f.
41 Bruce Davis, *Freude, der Weg des Herzens*, S. 11
42 Ders. S. 46
43 Ders. S. 10
44 Ders. S. 269–272

45 David Steindl-Rast, Awake, Aware, Alert, www.gratefulness.org (Übers. UR)
46 Ders., *Achtsamkeit des Herzens*, S. 42
47 Ders., Giving Thanks for All the Little (And Big) Things in Life, www.gratefulness.org
48 David Steindl-Rast, Die Welt in Dankbarkeit verbinden, in: Christa Spannbauer, *Im Hause der Weisheit*, S. 107
49 Ebenda, S. 95
50 Ders., *Fülle und Nichts*, S. 27
51 Ders., *Die Achtsamkeit des Herzens*, S. 83
52 Ders., Awake, Aware, and Alert, www.gratefulness.org
53 Ders., Ein neuer Grund für Dankbarkeit, in: *Der Tag, als die Türme fielen*
54 Ders. *Fülle und Nichts*, S. 141
55 Eido Tai Shimano ... www.gratefulness.org (Übers. UR)

Literaturempfehlungen

Glück

Ben-Shahar, Tal, *Glücklicher*, München: Riemann Verlag, 2007

Csikzentmihalyi, M., Flow, *Das Geheimnis des Glücks*, Stuttgart: Klett-Cotta 1992

Klein, Stefan, *Die Glücksformel oder: Wie die guten Gefühle entstehen*, Reinbek: Rowohlt Verlag, 2002

Mannschatz, Marie, *Buddhas Anleitung zum Glücklichsein: Fünf Weisheiten, die Ihren Alltag verändern*, München: Gräfe und Unzer 2007

Ricard, Matthieu, *Glück*, München: Knaur Verlag, 2009

Schmied, Wilhelm: *Glück, Alles, was Sie darüber wissen müssen, und warum es nicht das Wichtigste im Leben ist,* Frankfurt a. M., 2007

Was ist Glück, Dokumentation der 3. Tagung der Arbeitsgruppe Buddhismus und Psychotherapie der Buddhistischen Akademie, Schriftenreihe der Buddhistischen Akademie, Berlin 2005

Achtsamkeit

Allmen, Fred v., *Mit Buddhas Augen sehen,* Berlin: edition steinrich, 2010

Batchelor, Martina: *Innere Grenzen sprengen, Verhaltensmuster verändern und Gewohnheiten loslassen,* München: Knaur 2008

Gunaratana; Mahathera Henepola, *Die Praxis der Achtsamkeit,* Heidelberg: Kristkeiz, 1996

Hanh, Thich Nhat, *Achtsam leben – wie geht das denn,* Berlin: Theseus, 2005

Hanh, Thich Nhat, *Aus Angst wird Mut, Die Grundlagen buddhistischer Psychologie* Berlin: Theseus, 2005

Hanh, Thich Nhat, *Fünf Wege zum Glück,* Berlin: Theseus, 2005

Hanh, Thich Nhat, *Harmonie für Körper und Geist,* München: Kösel Verlag, 2009

Hanh, Thich Nhat, *Im Hier und Jetzt zuhause sein,* Berlin: Theseus, 2006

Hanh, Thich Nhat, *Das Wunder der Achtsamkeit,* Berlin: Theseus, 1997

Hanh, Thich Nhat, *Das Wunder des bewussten Atmens,* Berlin: Theseus, 2000

Kabat-Zinn, Jon, *Zur Besinnung kommen, Die Weisheit der Sinne und der Sinn der Achtsamkeit in einer aus den Fugen geratenen Welt,* Freiburg i. Br.: Arbor, 2006

Kabat-Zinn, Jon, *Im Alltag Ruhe finden*, Freiburg i Br. Herder, 1998

Kabat-Zinn, Jon, *Gesund durch Meditation*, Frankfurt a. M.: O. W. Barth, 2003

Krishnamurti, Jiddu, *Das Licht in dir, Über die wahre Meditation*, München: Econ Verlag, 2000

Packer, Toni, *Fragen in der Stille, Meditation jenseits des Wissens*, Bielefeld: Aurum, 2007

Packer, Toni, *Mit ganz neuen Augen sehen*, Braunschweig: Aurum 1991

Packer, Toni, *Der Moment der Erfahrung ist unendlich, Meditation jenseits von Tradition und Methode*, Berlin: Theseus, 1996

Packer, Toni, *Das Wunder des Jetzt*, Berlin; Theseus, 2004

Rosenberg, Marshall, *Gewaltfreie Kommunikation*, Paderborn: Juntermann, 2007

Schneider, Maren, *Der Weg der Achtsamkeit, Bewusstheit und Meditation im täglichen Leben*, München: Knaur Verlag 2009

Schneider, Maren, *Der buddhistische Krisenbegleiter*, München: Knaur Verlag 2009

Spannbauer, Christa: *Im Haus der Weisheit, Spirituelle Lehrerinnen und Lehrer sprechen über ihre Visionen für unsere Zeit*, München: Kösel Verlag, 2008

Zölls, Doris, Zirkelbach, Christof, *Wie Zen Schmeckt, Die Kunst des achtsamen Genießens*, München: Kösel Verlag, 2009

Freude

Pema Chödrön, *Suche die Freude: Durch Lojong-Übungen Mitgefühl und Furchtlosigkeit entwickeln*, München: Goldmann 2009

Davis, Bruce, *Freude, der Weg des Herzens*, München: Kösel Verlag, 2006

Epikur, *Philosophie der Freude*, Stuttgart: A. Kröner Verlag, 1973

Kast, Verena, *Freude, Inspiration, Hoffnung*, Düsseldorf: Patmos 2008

Kast, Verena, *Vom gelingenden Leben*, München: dtv, 2000

Reisch, Elisabeth, *Wünsche loslassen – das Leben gewinnen*, Stuttgart: Klett-Cotta, 2009

Wetzel, Sylvia, *Hoch wie der Himmel, tief wie die Erde*, Ratgeber für schöne uns schwere Zeiten, Berlin: Theseus, 1999

Wetzel, Sylvia, *Leichter Leben, Praktische Meditationen zum Umgang mit Gefühlen*, Berlin: Theseus, 2002

Dankbarkeit

Krech, Gregg, *Die Kraft der Dankbarkeit, Das Praxisbuch für innere Zufriedenheit,* München: Knaur Verlag, 2003

Primault, Rosemarie, Walter, Rudolf (Hrsg.), *Die Augen meiner Augen sind geöffnet, Eine Hommage an David Steindl-Rast,* Freiburg i. Br.: Herder Verlag, 2006

Spannbauer, Christa: *Im Haus der Weisheit, Spirituelle Lehrerinnen und Lehrer sprechen über ihre Visionen für unsere Zeit,* München: Kösel Verlag, 2008

Steindl-Rast, *Fülle und Nichts,* Freiburg i. Br.: Herder Verlag, 1999

Steindl-Rast, *Achtsamkeit des Herzens,* Freiburg i. Br.: Herder Verlag, 2005

Verbundenheit

Jäger, Willigis, *Das Leben endet nie,* Berlin: Theseus, 2005

Jäger, Willigis, *Über die Liebe,* München: Kösel Verlag, 2009

Kaiser, Annette, *Jenseits aller Pfade, Visionen einer neuen Spiritualität,* Berlin: Theseus, 2004

Joanna Macy, *Am Tanz des Lebens teilnehmen,* in Buddhismus Aktuell, 3/2009

Nichtern, Ethan, *Buddhismus 3.0, Spirituelle Vernetzung und globales Bewusstsein – das »Interdependence-Project«,* Oberstdorf: Windpferd Verlag, 2008

Platsch, Anna, Offenes Siegel, *Meine Reise zu Sufis und Muslimen,* Berlin: Theseus Verlag, 2006

Sloterdijk, Peter, *Du mußt dein Leben ändern,* Über Anthropotechnik, Frankfurt a. M.: Suhrkamp Verlag, 2009

Thomas, Claude Anshin, *Krieg beenden – Frieden leben,* Berlin: Theseus, 2005

Rainer Maria Rilke, *Die Gedichte,* Frankfurt a. M.: Insel Verlag, 2006

Adressen

Verzeichnis von Meditationsgruppen deutschlandweit und Informationen zum Buddhismus:
Deutsche Buddhistische Union e.V.
Amalienstr. 71 · D-80799 München
Tel.: +49 (0)700 - 28 33 42 33
E-Mail: dbu@dharma.de
www.dharma.de

Österreichische Buddhistische Religionsgesellschaft
Fleischmarkt 16
A-1010 Wien (Österreich)
Tel: +43 (0)1 - 5 12 37 19
E-Mail: office@buddhismus-austria.at
http://buddhismus-austria.at

Schweizerische Buddhistische Union
Postfach 1809
CH-8021 Zürich (Schweiz)
Tel: +41 (0)1 - 46 11 524
E-Mail: info@sbu.net
www.sbu.net

Richtung Thich Nhat Hanh
EIAB - Europäisches Institut für Angewandten Buddhismus
Schaumburgweg 3
D-51545 Waldbröl
E-Mail: info@eiab.eu
www.eiab-maincampus.org

Quelle des Mitgefühls - Buddhistisches Übungszentrum
Heidenheimer Str. 27
D-13467 Berlin
Tel: +49 (0)30 - 40 58 65 40
E-Mail: quelledesmitgefuehls@web.de
www.quelle-des-mitgefuehls.de

Hans Maitreya
Unterkashof 50
94545 Hohenau
Tel.: 08 58 – 92 02 52; www.intersein-zentrum.de

Richtung Jon Kabat-Zinn
Informationen zu Stressbewältigung durch Achtsamkeit (MBSR) **MBSR/MBCT-Verband**
Muthesiusstr. 6
D-12163 Berlin
Tel: +49 (0) 30 – 79 70 11 04
Fax: +49 (0) 30 – 79 70 28 86
E-Mail: kontakt@mbsr-verband.org
www.mbsr-verband.org

Richtung Toni Packer
Arbeitsgemeinschaft für Meditation e.V.
Loogestieg 10, 20249 Hamburg
Tel: +49 (0) 40 – 570 096 04
Fax: +49 (0) 40 – 570 096 75
E-Mail: info@agmeditation.de

Stephan Bielfeldt
Tel: +49 (0) 4122 – 858 194
stephan@springwater-meditation.de

Bruce Davis
Assisi Retreat & Peace Center
Santa Maria delle Rose 2C
I–06081 Assisi, Italien
Tel: +39 349 – 499 12 93
E-Mail: info@AssisiRetreats.org
www.AssisiRetreats.org

Bruder David Steindl-Rast
www.gratefulness.org